Britta Zangen

50 plus

und endlich allein

Ein Ratgeber für Frauen

Britta Zangen (geb. 1947 in Düsseldorf) arbeitete zunächst als Modezeichnerin, kam zum Studium über die „Zulassung zum Hochschulstudium ohne Reifezeugnis", erwarb das Erste und Zweite Staatsexamen in Englisch und Französisch und leitete anschließend die Internationale Bibliothek und das Lern- und Trainingszentrum der Volkshochschule Düsseldorf. Mit Anfang 40 kehrte sie an die Universität Düsseldorf zurück, um in Anglistik zu promovieren, und arbeitete dort mehrere Jahre als Lehrbeauftragte für englische Literatur.

Sie ist die Herausgeberin von *Feministische Utopien*, *Frauen & Macht* und *Misogynism in Literature* [Frauenfeindlichkeit in der Literatur]. Sie hat ein Buch über die englische Feministin Vera Brittain und zum Romanwerk von Dickens, Eliot und Hardy veröffentlicht, sowie Aufsätze zu Nabokovs Lolita, Shakespeares Antony and Cleopatra, Chaucers Canterbury Tales, George Eliot und „Women as Readers, Writers, and Judges". Der gemeinsame Nenner ihrer Arbeiten ist ein feministischer Ansatz.

Britta Zangen

50 plus

und endlich allein

Ein Ratgeber für Frauen

BÜCKEN SULZER

Originalausgabe Oktober 2005
3. Auflage 2008

Umschlaggestaltung, Layout und Satz:
Fabian Sulzer
Umschlagfotografie: Ina-Maria von Ettingshausen

Printed in Germany

ISBN: 978-3-936405-27-9

Inhalt

Worum es geht

Rat ist, wonach wir fragen, wenn wir die Antwort schon wissen, aber wünschten, dem wäre nicht so.
Erica Jong

Sie sind weiblich und in den Jahren, die – wären Sie männlich – als Ihre besten bezeichnet würden. Aus irgendeinem Grund sind Sie allein übriggeblieben, oder Sie werden es bald sein. Mit ‚allein' meine ich ohne Partner. Oder auch ohne Partnerin, das ist in diesem Zusammenhang nicht grundlegend anders. Vielleicht ist Ihr Partner gestorben, oder er hat Sie verlassen oder Sie ihn; oder Sie haben schon sehr lange niemanden mehr getroffen, mit dem Sie sich hätten zusammentun wollen. Aber es ist eigentlich gleichgültig, warum Sie in diese Situation gekommen sind; entscheidend ist, dass es Ihnen nicht besonders gut damit geht. Wenn Sie glücklich mit Ihrem Leben sind, freue ich mich sehr für Sie, aber dann brauchen Sie meine Vorschläge nicht.

Fühlen Sie sich hingegen mehr oder weniger unwohl mit Ihrem Leben als ungewollt Alleinlebende, dann vertrauen Sie sich mir und der Unterstützung, die ich Ihnen geben möchte, doch einfach an. Vielleicht haben Sie sich ja inzwischen überlegt, dass Hilfe von außen nicht falsch wäre und haben deshalb nach diesem Buch gegriffen. Vielleicht sind Sie inzwischen soweit, die Initiative zu ergreifen. Sie wollen nicht länger verharren, sondern aktiv werden. Sie suchen nach Wegen aus der Krise.

Möglicherweise fühlen Sie sich sogar entsetzlich einsam, verraten und verkauft, von Gott und der Welt verlassen, ist Ihr Selbstwertgefühl auf dem Nullpunkt, fühlen Sie sich alt, nicht mehr schön, nicht mehr begehrenswert, erscheint Ihnen Ihre Zukunft trostlos, haben Sie keine Hoffnung, dass es jemals wieder besser werden könnte. In diesem Fall möchte ich Sie dringend dazu auffordern, doch noch eine Weile mit mir zusammenzubleiben – schlimmer kann es ja nun nicht mehr werden, besser schon.

Was lässt mich überhaupt annehmen, Ihnen helfen zu können? Dass ich weiß, wovon ich rede, und einen Weg aus der Krise herausgefunden habe, der auch für Sie gangbar sein könnte. Glauben Sie mir, ich bin durch all das durchgegangen, was Sie jetzt durchmachen. Auch ich habe mich miserabel gefühlt, an mir gezweifelt, keinen Sinn und keine Zukunft mehr gesehen. Ich habe ein knappes Jahr gebraucht, um aus einem der tiefsten Täler herauszukommen, in das ich in meinem Leben geraten bin. Ich war in einer so schweren und anhaltenden Depression, wie ich sie für mich persönlich niemals für möglich gehalten hätte. Aber seit ich da wieder heraus bin, geht es mir – und das ist keine Übertreibung – so gut wie noch nie in meinem ganzen Leben.

Das scheine ich mir keineswegs nur einzubilden. Vor nicht allzu langer Zeit lernte ich auf einer Ausstellungseröffnung eine Photographin kennen, die mich photographieren wollte, weil ich, wie sie sagte, soviel Lebensfreude ausstrahlte. Vielleicht sagt das in absehbarer Zeit auch jemand zu Ihnen.

Es war nicht wirklich schwer gewesen, dem Grund für meine Zufriedenheit auf die Spur zu kommen. Der Zufall hatte mir schnell auf die Sprünge geholfen. Schon sehr bald, nachdem ich mich endlich nach sieben quälenden Monaten aus einem Dreieck mit meinem damaligen Lebensgefährten und einer anderen Frau hatte lösen können, rief eine Freundin von mir an, um mich mitfühlend zu fragen, wie es mir denn gehe. Darauf antwortete ich spontan und auch für mich selbst überraschend: „Gut! Seit ich keinen Mann mehr habe, habe ich auch keinen Ärger mehr.“ Ich bin bis heute davon überzeugt, dass das die Wahrheit war und ist.

Damit will ich keineswegs behaupten, es wären allein die Männer daran schuld, dass so viele Frauen unglücklich in ihren Beziehungen sind. Wie Sie sicherlich längst gelesen haben, sind es mehrheitlich Frauen, die Partnerschaften mit oder ohne Trauschein trennen. Vielmehr liegt die dieser Tatsache zugrundeliegende Unzufriedenheit der Frauen meines Erachtens am System Partnerschaft an sich, zumindest in der Form, in der wir sie in der modernen westlichen Welt zu leben versuchen. Neue, andere Formen des (Zusammen)Lebens werden zwar überall ausprobiert, aber es fehlen nach Meinung der Oldenburger Sozialforscherin Rosemarie Nave-Herz nach wie vor die Leitbilder für neue Lebensformen. Ein neues Leitbild ist es also, das ich Ihnen anbieten möchte. Ich möchte Sie darin bestärken, offen in andere Richtungen als die herkömmlichen zu denken. Ich möchte Ihre Denksperre lösen helfen – so fasste eine Freundin meine Absicht in passende Worte.

Da ich also die Partnerschaft als solche und nicht in erster Linie das Geschlecht der Partner für entscheidend halte, sind die Probleme nicht ganz und gar anders in lesbischen Beziehungen und könnten auch Männer in derselben Situation von meinen Überlegungen profitieren. Dennoch wende ich mich in erster Linie an mein eigenes Geschlecht und – aus Gründen, die sich nach und nach klären werden – in erster Linie an Frauen in der Lebensmitte, Frauen also in ihren besten Jahren. Das meine ich nicht ironisch. Der Schauspieler Otto Sander soll das Bonmot verbreitet haben, dass wir die guten Jahre hinter uns haben, wenn wir in den besten sind. Ich teile seine Auffassung nicht, weil es wirklich unsere besten Jahre sind – wenn es uns denn gelingt, sie entsprechend zu gestalten und uns von dem absurden Jugendwahn unserer Zeit zu befreien. Auch dabei werde ich versuchen, Ihnen behilflich zu sein.

Wenn Sie also in Ihren besten Jahren sind, schon oder in absehbarer Zeit ohne Partner oder Partnerin und bereit, sich zumindest gedanklich auf Neues einzulassen, dann sollten Sie noch ein bisschen mit mir zusammenbleiben. Ich würde Ihnen gerne einen Gegenentwurf unterbreiten, nämlich den, alleinzubleiben. Damit meine ich nicht nur in der Wohnung, sondern ich meine grundsätzlich und absichtlich ohne Partner (oder Partnerin) in Ihrem Leben. Diese Lebensform – bewusst gewählt – hat meine Zufriedenheit enorm gesteigert. Sie ist nicht etwa die zweitbeste aller Möglichkeiten, sondern ein echtes positives Alternativmodell. Ich bin davon überzeugt, dass sie zwar nicht für jeden Menschen – und schon gar nicht für junge –, aber doch für eine ziemlich große Anzahl von Menschen in mittleren Jahren und vor allem für Frauen eine wunderbare Alternative sein kann. Zu Unrecht ist das Alleinleben übel beleumdet und mit Vorurteilen behaftet. Die würde ich gerne für Sie ausräumen, um auch Ihnen einen gangbaren Weg zu einem zufriedeneren Leben aufzuzeigen.

Glück, Zukunft und Eigenverantwortung

Ich glaube, dass wir für unsere Entscheidungen allein verantwortlich sind und dass wir die Konsequenzen jeder Handlung, jedes Wortes und jedes Gedanken während unseres ganzen Lebens akzeptieren müssen.
Elisabeth Kübler-Ross

Wir können wohl davon ausgehen, dass Sie die vergangenen Jahrzehnte in Begleitung eines oder mehrerer Partner verbracht haben. Im Prinzip kann Ihre Einstellung zu diesen Jahren Sie aus zwei Gründen dazu bewegen, ein Leben ohne Partner zumindest einmal gedanklich in Erwägung zu ziehen – als Gedankenspiel sozusagen, als zunächst einmal harmlose Beschäftigung. Wenngleich beiden möglichen Gründen ein Gefühl von ‚es reicht' zugrunde liegt, gibt es doch emotionale Unterschiede dabei. Denn es kann etwas genug sein, weil es überwiegend gut, aber ausreichend war, oder weil es zuviel des Negativen war. Kann denn etwas genug sein, das gut war? – würden Sie vielleicht einwenden wollen. Und ich würde Ihnen entgegenhalten: Ja, natürlich kann es das.

Lassen Sie mich Ihnen ein wenig von mir erzählen. Von meinem zehnten Lebensjahr an war Reiten und der fast tägliche Umgang mit Pferden ein ganz wesentlicher Teil meines Lebens. Das änderte sich in dem Jahr, in dem ich 40 Jahre alt wurde, weil ich mein altgewordenes Pferd einschläfern lassen musste. Da ich zurecht als passionierte Reiterin galt, wurde erwartet, dass ich mir sofort wieder ein Pferd zulegen würde. Die Überraschung war daher groß, als ich äußerte, nie wieder reiten zu wollen und auch dabei blieb.

Jedoch hatte ich in all den Jahren mit den verschiedenen Pferden so ziemlich alles erlebt, was der intensive Umgang mit Pferden so mit sich bringt – im Positiven wie im Negativen. Ich war auf Turnieren gewesen, ich hatte Preise gewonnen und war Letzte geworden, ich war Jagden im Staub und im Regen geritten, ich war stundenlang durch Wälder gestreift, ich war zig mal heruntergefallen, ich hatte unzählige Pferde gestriegelt, gesattelt und ihnen Hufe ausgekratzt. Pferde waren mit mir auf ihrem Rücken wunderbar gegangen, waren gestiegen, durchgegangen und auf mich drauf gefallen. Und sie hatten mir viele, viele Stunden lang das Herz riesengroß gemacht.

Ich hätte endlos amüsante Anekdoten über die Eigenheiten von Pferden und Reitern zum Besten geben können. Es fehlte nichts in meiner Sammlung. Ich hätte meine Erlebnisse nur noch wiederholen können. Aber wozu? 30 Jahre waren doch genug. Es war oft wunderschön gewesen, es war oft sehr belastend gewesen. Aber nun war endlich einmal etwas anderes in meinem Leben dran – nämlich all die Dinge, für die ich kaum je die Zeit gehabt hatte, als ich mich noch täglich um mein Pferd hatte kümmern müssen. Der Mensch kann doch nicht dazu auf Erden sein, endlos das Gleiche zu tun – auch nicht, wenn es gut gewesen ist.

Genauso habe ich runde 40 Jahre mit den verschiedenen Männern an meiner Seite verbracht. Ich war 11, er 13 Jahre alt, als wir sonntags Hand in Hand zum Kino in unserer Vorstadt zogen. Natürlich passierte nichts Intimes, aber wir empfanden uns schon als Pärchen; wie man damals sagte, ‚gingen wir miteinander'. Ich war 13 Jahre alt, als ich wegen desselben Jungen zum ersten Mal in meinem Leben glaubte, nie wieder glücklich sein zu können. Meine Mutter kaufte mir daraufhin ein Kleid, das mit Rüschen über meiner noch nicht vorhandenen Brust eine solche vorzutäuschen versuchte, weil sie der Meinung war, der schon vorhandene Busen meiner Nebenbuhlerin habe den Ausschlag zu deren Gunsten gegeben.

Am anderen Ende meines Lebens mit Männern war ich gerade 53 Jahre alt geworden, als ich mich gezwungen sah, mich von meinem damaligen Partner zu trennen. Zu dem Zeitpunkt wusste ich noch nicht, dass er der letzte bleiben würde. In den 42 Jahren zwischen dem ersten und dem letzten war ich ohne nennenswerte Unterbrechungen in manchmal kurzen, manchmal längeren, zweimal ganz langen Beziehungen mit und ohne Trauschein.

Ich wüsste wirklich nicht, was ich an Positivem und an Negativem mit einem Mann noch erleben sollte, das ich nicht schon erlebt habe. Ich habe mal mehr mal weniger geliebt und bin mal mehr mal weniger geliebt worden; ich habe gedroht, eine Nebenbuhlerin die Treppe hinunterzuwerfen; ich habe nackt auf einem Balkon gestanden, um der Entdeckung durch die Vermieterin meines Freundes zu entgehen; ich habe versucht, mich – unter anderem – für Eishockey, Wodkamarken, Autorennen und Buddhismus (in dieser Reihenfolge) zu erwärmen; ich bin in Worten und in Taten betrogen worden und habe in Worten und in Taten betrogen; ich habe sich übergebenden Männern den Eimer gehalten und mir den Eimer halten lassen müssen; ich habe Ohrfeigen erhalten und Ohrfeigen ausgeteilt; ich habe mich in gemeinsamen Betten gelangweilt, Orgasmen vorgetäuscht und meine kühnsten sexuellen Phantasien ausgelebt; ich habe es in gemeinsamen und in getrennten Wohnungen versucht; ich habe Männer geliebt und gehasst, bekocht, betuddelt und befummelt, bemitleidet und beleidigt, angeschrieen und angehimmelt – kurzum, es war alles dabei, was Zweierbeziehungen so mit sich bringen, und darum war es einfach genug. Der Mensch muss doch das gleiche Erleben nicht endlos wiederholen. Ich war inzwischen alt genug geworden, einen anderen, einen neuen Weg zu gehen. Ich gehe ihn nun seit mehreren Jahren, und ich kann ihn ohne Einschränkung weiterempfehlen.

Einen neuen Weg zu gehen – das ist natürlich einfacher gesagt als getan, zumal wenn der neue Weg mit allerlei Vorurteilen behaftet ist. Das Hauptproblem dabei könnte sein, dass Alleinsein irgendwie Angst macht. Von klein auf wird uns beigebracht, dass der Mensch ein soziales Wesen sei, der für sein Wohlbefinden andere Menschen braucht. Schon in der Bibel steht: Es ist nicht gut, dass der Mensch allein sei. Der Gedanke ist natürlich im Prinzip richtig, und deshalb wäre es auch völlig in Ordnung, wenn das Weiterreichen dieser Überzeugung ausschließlich so dargestellt würde: Der Mensch als soziales Wesen braucht andere Menschen.

Unglücklicherweise aber wird diese wahre Behauptung noch mit einer speziellen Geschichte für uns Frauen ausgeschmückt; einer Geschichte, die uns unser ganzes Leben lang in Schwierigkeiten bringen wird. Die PhilosophInnen Marit Rullmann und Werner Schlegel formulieren das, was da geschieht, folgendermaßen: „Regenbogenpresse und Seifenopern suggerieren ihren zumeist weiblichen Konsumenten, einzig die Wahl des richtigen Lebenspartners biete eine Glücksgarantie.“ Von dem richtigen Gedanken, dass der Mensch irgendwelche anderen Menschen braucht, sind wir nun flugs bei der Behauptung, die weibliche Sorte Mensch brauche einen Mann.

In meiner Jugend waren Regenbogenpresse und Fernsehen zwar noch nicht so weit verbreitet wie heute, aber dennoch wurde mir auch schon dieselbe Botschaft von den Menschen um mich herum vermittelt. Sie kennen die Geschichte sicherlich in der einen oder anderen Ausschmückung auch aus Ihrer Jugend: Eines Tages würde – im übertragenen Sinn – ein gutaussehender Mann auf einem weißen Pferd dahergeritten kommen, und er würde fürderhin mein Lebensglück für mich gestalten. Wie der Prinz im Märchen. An einem untrüglichen Zeichen würde ich erkennen können, ob er der Mann meines Lebens sein würde: Für diesen Mann würde ich zu Fuß nach Rom gehen – oder doch zumindest zu gehen bereit sein. Diese Bereitschaft würde der Beweis für meine echte Liebe sein. Woran ich würde erkennen können, ob der Mann auch in echter Liebe zu mir erbrannt sei, wurde mir nicht vermittelt. Seine Liebe zu mir schien nicht so bedeutsam zu sein wie meine zu ihm. Wenn aber meine zu ihm ‚die richtige', das heißt ‚die große' sein würde, dann würden wir glücklich zusammen leben bis ans Ende unserer Tage. Ich würde ein paar Kinder großziehen, und irgendetwas darüber hinaus kam gar nicht erst vor. Die mir unterbreiteten Zukunftsaussichten hatten etwas von: Und wenn sie nicht gestorben sind, dann leben sie noch heute – und natürlich glücklich und zufrieden.

Eine fatalere Botschaft an junge Mädchen lässt sich kaum vorstellen. Wie groß der Einfluss dieser Botschaft auf das Leben erwachsener Frauen ist, wie lange der Einfluss anhält, und wie lange wir brauchen, bis wir uns davon befreien können, konnte ich vor nicht langer Zeit erfahren. Da erzählte mir eine Freundin, dass sie erst jetzt – mit Mitte 60 – soweit sei, sich von der Idee zu trennen, dass ein anderer – nämlich ihr Mann – für ihr Lebensglück verantwortlich sei und infolgedessen schuld an ihrer Unzufriedenheit.

Sich von diesem Gedanken zu trennen, ist ein außerordentlich wichtiger Schritt auf dem Weg zu einem zufriedenen Leben, übrigens mit oder ohne Partner. Wenn Sie nicht selbst dafür Sorge tragen, dass Ihr Leben die Form annimmt, die für Sie die richtige ist, die Form also, in der es Ihnen gutgeht, dann wird es mit Ihrer Zufriedenheit sehr schwierig werden. Ein anderer Mensch wird sie Ihnen nicht auf dem Silbertablett servieren; mehr noch: Es ist auch wahrlich keines anderen Menschen Aufgabe, das zu tun. Niemand außer Ihnen selbst ist dafür verantwortlich, Ihr Leben in diese oder jene Richtung zu bewegen.

Als wir jung waren, haben wir geglaubt, dass unser zukünftiges Leben voller wunderbarer, spannender, beglückender Momente sein würde. Der Mann auf dem weißen Pferd spielte dabei für viele von uns eine große Rolle. (Der in meiner Vorstellung hatte übrigens etwas Zigeunerhaftes. Sehr sexy! Er ritt keinen Schimmel, sondern einen Rappen – auch sehr sexy.) Kaum dem gesetzlichen Alter nach erwachsen, fingen die Schwierigkeiten schon an, und wenn wir jetzt in unserer Lebensmitte zurückblicken, müssen die meisten von uns feststellen, dass die Schwierigkeiten zahlreich waren, zumindest zahlreicher, als wir das als junge Menschen geglaubt haben. Eine junge Freundin von mir pflegte ihre telefonischen Berichte über ihre aktuellen Probleme immer mit einem schluchzenden „Warum passiert das immer nur mir?“ zu beenden; worauf ich immer antwortete: „Es tut mir leid, Dir das sagen zu müssen, aber es passiert nicht immer nur Dir. Das ist das Leben!“ Inzwischen muss sie schon selbst lachen, wenn wir an dieser Stelle unseres Gespräches angekommen sind.

Machen Sie sich also ganz klar, dass das Leben nun einmal schwierig ist, und dass es das für alle Menschen auf die eine oder andere Art ist. Sicherlich ist es Ihnen schon mehrmals passiert, dass die Erzählungen der Probleme anderer Menschen die eigenen doch erheblich relativieren. Sei es die Freundin, bei der Brustkrebs entdeckt worden ist, der Bekannte, der seinen Arbeitsplatz verloren hat, der Freund, der den Tod eines nahestehenden Menschen zu verkraften hat, oder die Verwandte, die vor der Trennung einer langjährigen Ehe steht, immer lösen diese Schilderungen zwei starke Gefühle in uns aus: Zum einen ein gewisses Gefühl der Erleichterung, dass wir selbst verschont geblieben sind, zum anderen die hilfreiche Einsicht, dass das Leben auch für andere Menschen sehr schwer ist und dass wir im Vergleich und unter dem Strich doch noch zufrieden mit dem unseren sein können. Leider hält diese Erkenntnis erfahrungsgemäß nicht sehr lange an, und schon bald sind wir wieder dabei, uns selbst zu bemitleiden.

Sollten Sie dazu neigen, möchte ich Sie dringend dazu auffordern, jetzt damit aufzuhören, sofort und, wenn möglich, ein für allemal. Es bringt Sie nicht weiter. Ganz im Gegenteil, es wirft Sie immer wieder zurück. Sie selbst – und nur Sie selbst – sind für Ihr Wohlbefinden verantwortlich. Das heißt nicht, dass andere Menschen in Ihrem Leben Ihnen nicht übel mitgespielt haben und noch mitspielen werden. Wir Menschen sind nun einmal wenig vollkommen. Aber das trifft auf uns alle zu! Wenn Sie ganz ehrlich mit sich sind, werden Sie auch in Ihrem Leben Momente finden, in denen Sie sich anderen Menschen gegenüber unschön verhalten haben. Obwohl andere Menschen uns dieses oder jenes antun, uns auf diese oder jene Weise zu beeinflussen und zu behindern versuchen, verantworten wir doch selbst, was wir aus unserem Leben machen. Jede und jeder einzelne von uns. Wie Sie mit den Schwierigkeiten auf Ihrem Weg umgehen und mit den Enttäuschungen, die andere Menschen Ihnen bereitet haben und immer wieder bereiten werden, ist in allererster Linie Ihre eigene Sache. Zu allen Erlebnissen, positiven wie negativen, gehören immer zwei: Die oder der, die zufügt, und die oder der, die sich zufügen lässt.

Und kommen Sie mir – und vor allem sich selbst – nicht mit Ihrer missratenen Erziehung. Glücklicherweise haben nur die wenigsten von uns eine so schreckliche Kindheit erleben müssen, dass diese ihr ganzes weiteres Leben negativ beeinflussen muss. Bei den meisten von uns war die Erziehung mal recht, mal schlecht. Ich glaube nicht, dass es Eltern gibt, die bei der Erziehung ihrer Kinder keine Fehler gemacht haben. Aber sie haben diese Fehler in den allermeisten Fällen mit dem besten Willen gemacht. Sie haben für richtig gehalten, was sie getan haben. Auch wenn wir uns das so gerne einbilden: Wir hätten es nicht besser gemacht. Wir hätten – vielleicht – nicht dieselben Fehler gemacht, aber mit an Sicherheit grenzender Wahrscheinlichkeit andere.

Wir tun uns selbst keinen Gefallen damit, als Erwachsene durch unser Leben zu stolpern und unsere Erziehung dafür verantwortlich zu machen, dass es mit uns nicht so richtig funktioniert. Dabei ist das so schön praktisch! Ich kann ja leider gar nichts dafür, dass ich so unausstehlich bin, weil meine Mutter oder mein Vater oder meine Oma oder mein Onkel dieses oder jenes falsch gemacht haben. Aber das ist weder fair den Verwandten gegenüber, noch hilft es uns selbst weiter. Irgendwann sind wir alt genug, die Verantwortung für unser Leben selbst zu übernehmen.

Glück, so weiß der Volksmund, liegt auf der Straße, und jeder und jede einzelne ist ihres Glückes Schmied. Mein Vater vertrat die Auffassung, die innere Einstellung sei dabei entscheidend: Er pflegte zu sagen, es komme darauf an, ob der Mensch ein Glas als halbleer oder als halbvoll betrachte, und er glaubte fest, dass jeder Mensch für diese Grundhaltung selbst verantwortlich sei.

Mit genau dieser Überzeugung hat ein Mann namens Dale Carnegie Millionen gemacht. Er vermittelte für Abertausende von Menschen offenbar erfolgreich die Botschaft, man könne lernen, glücklich zu sein; es sei reine Willenssache. Es scheint mir den Versuch durchaus wert zu sein, das einmal auszuprobieren. Der Psychoanalytiker Heribert Blaß aus Düsseldorf bringt das Problem deutlich auf den Punkt: Er hält die Erwartungshaltung, dass das Glück von außen komme, für weitverbreitet aber für falsch. Stattdessen rät er (wie Carnegie), selbst etwas zu tun, um glücklich zu werden.

Auch ich bin davon überzeugt, dass jeder Mensch zu einem erheblichen Teil zu der eigenen Zufriedenheit und daher auch Unzufriedenheit beiträgt. Wenn es uns gelänge, uns von der uns anerzogenen Vorstellung zu befreien, einen bestimmten, einzigen anderen Menschen zwingend für unser eigenes Glück zu brauchen, ja, dass überhaupt nur dieser eine andere Mensch in der Lage ist, uns glücklich zu machen, und wenn wir aufhören würden, uns unser Leben jahrzehntelang mit dem Schmachten nach diesem Menschen zu vergiften, dann wären wir der Chance auf Zufriedenheit schon wesentlich nähergekommen.

Obwohl diese Botschaft uns in unserer Kindheit eingepflanzt worden ist und obwohl sie täglich von allen Seiten weiterhin bekräftigt wird, ist es dennoch nicht so schwierig, den Glauben an diese Botschaft loszulassen. Es ist deshalb nicht so schwierig, weil sie – bei genauem Hinsehen – sehr wenig mit der Realität zu tun hat.

Mythos Glück zu zweit

> Die leichteste Art der Beziehung ist für mich die mit zehntausend Menschen. Die schwerste die mit einem.
> *Joan Baez*

Schon im Jahre 1991 beklagte der Redakteur eines umfangreichen Artikels im *Spiegel* ebenso wortreich wie weinerlich – nein, nicht den Untergang des Abendlandes, aber etwas, das ihn gleichermaßen zu erschrecken schien: „den rapiden Zerfall stabiler Beziehungen". Unter vielen anderen Fachleuten zitiert er den Sozialforscher Hans-Joachim Hoffmann-Nowotny aus Zürich, der aus der Tatsache, dass der Mensch ein soziales Wesen sei, den Schluss zieht, „dass wir [...] doch auf etwas dauerhaftere Beziehungen angewiesen sind, um psychisch gesund zu sein".

Dem ist durchaus zuzustimmen, aber daraus folgt für mich – im Gegensatz zur Meinung von Redakteur und Forscher – keineswegs zwingend, dass wir alle eine Zweierbeziehung brauchen. Schon gar nicht nach der Lebensmitte. Zur Fortpflanzung gehören sicherlich zwei, weshalb es die Natur so eingerichtet hat, dass junge Menschen geradezu zwanghaft nach Zweierbegegnungen suchen; auch diejenigen, die dem eigenen Geschlecht zuneigen, und diejenigen, die sich (noch) gar nicht fortpflanzen wollen. Aber aus dieser naturgegebenen Tatsache folgt keineswegs zwingend, dass das mit plus/minus 50 immer noch so sein muss oder auch nur so sein sollte. Es ist nicht schlüssig, dass die meisten Frauen dann immer noch glauben, unbedingt einen Mann zu brauchen. Dieser Glaube lässt sich nur mit dem uns altvertrauten Selbstverständnis erklären, nach dem Frau unter jedweden Umständen einen Mann braucht. Mit sachlichen Gründen hat das – zumal heutzutage – eher wenig zu tun. Deshalb ließe sich auch von Aberglaube sprechen in dem Sinne, dass dieser Glaube immer noch weitverbreitet ist, obwohl er nicht mehr viel mit der Wirklichkeit gemein hat; was eine Behauptung meinerseits ist, die noch zu beweisen sein wird.

Wir alle brauchen andere Menschen, ja, aber nicht einen einzigen in einer oftmals erstickenden Zweierbeziehung. Auf die enorme Bedeutung von Freundinnen und Freunden komme ich in einem späteren Kapitel noch einmal zurück. Hier ist mir jetzt nur ganz wichtig, deutlich zu machen, dass die Tatsache, dass wir soziale Wesen sind, keineswegs bedeutet, dass wir unbedingt eine Zweisamkeit für unser Glück brauchen, sondern dass es eine Fülle von anderen Beziehungen, von Einstellungen und Tätigkeiten gibt, die geeignet sind, uns zufrieden zu machen. Die Bedeutung von Paarbeziehungen für unser Lebensglück wird meines Erachtens deutlich überschätzt und überbewertet. Das lässt sich nicht deutlich genug sagen. Eine Freundin von mir ist zwar der Meinung, das würde ich im Beisein der meisten Frauen, die sie kennt, besser nicht laut sagen; aber ich trete hier nicht an, um Nettigkeiten mit Ihnen auszutauschen, sondern um gemeinsam mit Ihnen auch in die Richtungen zu denken, die gemeinhin als – im vollen Sinn des Wortes – un-denk-bar gelten.

Gehen wir die Denkblockade doch einmal an. Wagen wir – um mit Horaz zu sprechen – zu denken. Gehen wir der Frage auf den Grund, wieso die meisten von uns immer noch an der Idee festhalten, eine Zweierbeziehung (mit oder ohne Trauschein) sei der geeignetste Weg zum Ziel Glück auf Erden, obwohl die Beweise für diese Überzeugung äußerst rar sind. Eine Langzeitstudie in

Deutschland, deren Ergebnisse im Jahre 2003 veröffentlicht wurden, hat ergeben, dass die Mehrheit von immerhin 24 000 Befragten nach der Eheschließung mit ihrem Leben nicht glücklicher war als vorher. Bedauerlicherweise unterteilt diese Studie nicht nach Geschlechtern. Aber aus einer Untersuchung des Psychoanalytikers Michael Lukas Moeller von der Universität Frankfurt lässt sich ein Unterschied herauslesen: Im Jahre 1996 wurden Frauen und Männer, die zu dem Zeitpunkt zwischen drei und sechs Jahren verheiratet waren, gefragt, ob sie ihren Partner oder ihre Partnerin noch einmal heiraten würden. Lediglich 20 Prozent der Männer, aber 52 Prozent der Frauen beantwortete diese Frage mit Nein, würden sie oder ihn also nicht noch einmal heiraten. Mich hat die Größe des Unterschieds zwischen den Geschlechtern überrascht.

Einen ebenfalls klaren Unterschied zwischen den Geschlechtern findet in diesem Zusammenhang eine Untersuchung der Münsteraner Volkskundlerin Annette Remberg: Meist seien es die Männer, die zur Hochzeit drängen, nicht die Frauen! Soviel zu Vorurteilen – oder hätten Sie nicht auch immer noch an die Mär geglaubt, nach der es die Frauen sind, die unbedingt heiraten wollen?! Dazu passt auch noch, dass Scheidungen mehrheitlich von Frauen eingeleitet werden, nämlich laut Angaben des Bundesamtes für Statistik in sechs von zehn Fällen. Und es passt die Beobachtung verschiedener WissenschaftlerInnen, dass die Frauen die Unzufriedeneren in den Beziehungen sind, was nach Angaben der Sozialforscherin Rosemarie Nave-Herz alle Studien in verschiedenen Ländern belegen.

Wir können also erst einmal festhalten, dass mehr Frauen als Männer in Zweierbeziehungen unzufrieden sind, und viele deswegen gehen. Dennoch wollen nach einer repräsentativen Umfrage des Sample-Instituts mehr Frauen als Männer an der Ehe als Institution festhalten: nämlich 53 Prozent der Frauen und 47 Prozent der Männer. Die Tatsache, dass das in beiden Fällen nur noch in etwa die Hälfte aller Deutschen ist, wird von einer anderen Frage derselben Untersuchung bekräftigt: Die Ehe in der heutigen Form wird von der Mehrheit für überholt gehalten. Das würde ich so interpretieren, dass das ‚bis dass der Tod euch scheidet' nicht mehr als zeitgemäß empfunden wird. Soziologen sprechen ja inzwischen von ‚serieller Monogamie', womit sie meinen, dass die Vorstellung von einer einzigen, lebenslangen Ehe abgelöst worden ist von mehreren, einander folgenden monogamen Zweierbeziehungen.

Jetzt wäre noch interessant zu wissen, ob die Frauen (und natürlich auch die unzufriedenen Männer) den Partner für eine missglückte Ehe verantwortlich machen oder irgendeinen Sachverhalt, der in der Zweierbeziehung als solcher zu finden wäre. Eine weitere Untersuchung der Wickert-Institute lässt mich vermuten, dass vor allem der Partner (die Partnerin) für falsch gehalten wird. Es glauben nämlich 75 Prozent der Frauen und 76 Prozent der Männer daran, dass es den Mann (die Frau) fürs Leben gäbe. Daraus lässt sich wohl ableiten, dass allgemein geglaubt wird, mit einem anderen Partner (einer anderen Partnerin) wäre alles besser gewesen, und dass es in Zukunft besser würde, wenn nur erst der oder die Richtige gefunden wäre. Dabei ist es kaum überraschend, dass junge Menschen in der Untersuchung auf die Frage nach dem Glauben an den oder die Richtige über dem Durchschnitt liegen; nicht überraschend, weil sie ja von allen Seiten mit diesen Vorstellungen berieselt werden und noch nicht genügend eigene Erfahrungen gesammelt haben, um diese Botschaften überprüfen zu können.

Aber im Gegensatz dazu finde ich es schon überraschend, dass die über 50jährigen immer noch zu 64 Prozent der Frauen und 67 Prozent der Männer an die große Liebe glauben. Als wir jung waren, haben sicherlich die meisten von uns an die Botschaft geglaubt, dass dermaleinst der ‚richtige' Mann, unsere große Liebe, unser Lebensglück ausmachen würde. Aber wie unrealistisch muss der Mensch sein, das nach 50 immer noch zu glauben! Das erinnert mich sehr an folgenden Spruch aus früheren Zeiten: Wer mit 20 kein Kommunist ist, hieß es, hat kein Herz; wer es mit 30 immer noch ist, hat keinen Verstand. Ähnlich ließe sich formulieren: Wer mit 20 nicht an die große Liebe glaubt, ist unromantisch; wer mit 50 immer noch daran glaubt, unrealistisch. Mehr noch: Mit dem Festhalten an durch nichts zu beweisenden Überzeugungen enthebt sich der Mensch der schönsten neuen Möglichkeiten.

Lakonische Bemerkungen über den Ehestand, der eben doch nicht so glücklich macht, wie das immer behauptet wird, sind Legion. Sammlungen von Zitaten und Aphorismen könnten ohne sie ihre Seiten kaum füllen. Jedoch nicht nur da finden wir sie. Elke Heidenreich formuliert auf ihre gewohnt trockene Art in der *Brigitte*: „Das Verheiratetsein haben wir uns schöner vorgestellt". In der Beilage einer Tageszeitung namens *Prisma* fand ich Folgendes: Irgendein junges Sternchen wurde zitiert mit: „Jeder will berühmt werden, aber wenn man es dann ist, ist man sich nicht mehr so sicher". Darunter hatte der Kolumnist die Anmerkung gesetzt: „Ist das nicht genau wie beim Heiraten?" Eine andere Journalistin formuliert drastischer in einem Artikel über psychisch kranke Frauen in der *Emma*: „Man hat [...] Frauen die Erfüllung durch Ehe und Mutterschaft versprochen, und was sie bekamen, war eine unbezahlte Stelle als Putz- und Kinderfrau."

Nicht nur die Ehe, auch die Liebe – jene vermeintliche wunderschöne Grundvoraussetzung für die Ehe – wird mit sarkastischen Aphorismen bedacht. Der Philosoph Theodor W. Adorno soll gesagt haben: „Liebe ist die Fähigkeit, Ähnliches an Unähnlichem wahrzunehmen." Der französische Schriftsteller La Rochefoucauld behauptet gar, dass „wenige Leute sich verlieben würden, wenn sie nicht davon gehört hätten". Das ist tatsächlich eine sehr interessante Überlegung. Würden wir ein bisschen Herzflackern, ein bisschen Kribbeln zwischen den Beinen gleich als Liebe deuten, wenn wir nicht immerzu darauf warteten? Und würden wir so darauf warten, wenn wir nicht von allen Seiten mit dem Thema Liebe so zugeschüttet würden? Wenn Worte und Bilder uns nicht ständig suggerierten, dass das eines der wichtigsten Themen im Leben – vor allem des weiblichen – Menschen überhaupt ist?

Eine andere Schriftstellerin, Irmtraud Morgner, formuliert, „dass die Liebe eine von Männern schöngefärbte Bewusstseins-Verengung ist." Witzigerweise hat die Wissenschaft diese Sicht inzwischen bestätigen können. Die Hirnforscher Andreas Bartels und Semir Zeki von der Londoner Universität haben in Untersuchungen festgestellt, was wir uns alle immer schon gedacht haben: dass nämlich Verliebtsein das Denkvermögen mindert. Tatsächlich werden die Hirnregionen, die für kritische Beurteilungen zuständig sind, dabei regelrecht ausgeschaltet. Die Psychiaterin Donatella Marazziti von der Universität Pisa hat herausgefunden, dass der Geisteszustand Verliebter denen von Menschen mit Zwangsstörungen ähnelt! Sie seien in einer fast paranoid zu nennenden Verfassung. Nicht einmal der katholischen Kirche ist dieser Tatbestand verborgen geblieben. Sie kann Ehen für nichtig erklären, wenn diese von Anfang an ungültig waren, und eine Voraussetzung für die Nichtigkeitserklärung ist es, wenn das Ja am Altar „nicht bei klarem Verstand“ gesprochen wurde. Lebenskluge Menschen halten dem entgegen, dass bei der Eheschließung kaum je jemand bei klarem Verstand sei.

Mit hoher Wahrscheinlichkeit können Sie diese Aussagen aufgrund der eigenen Anschauung bestätigen. Lassen Sie doch einmal vor Ihrem geistigen Auge die Paare Revue passieren, die Sie im Laufe Ihres Lebens getroffen haben und von denen Sie behaupten würden, dass sie glücklich miteinander waren oder sind. Auf wieviele kommen Sie?! Und dann machen Sie einmal die Gegenprobe: Lassen Sie die Paare Revue passieren, die sich nicht gegenseitig glücklicher machten oder machen. Dabei muss der Mensch häufig schon etwas genauer hinsehen, denn es ist in unserer Gesellschaft üblich, eine Fassade aufrechtzuerhalten, weil ja allgemein der Mythos bewahrt werden muss, dass Zweisamkeit die Menschen glücklich mache – und das egal, ob mit oder ohne Trauschein, ob mit anders- oder mit gleichgeschlechtlichen PartnerInnen.

Was genau ist eigentlich ein Mythos? Laut dem *Deutschen Wörterbuch* von Gerhard Wahrig ist ein Mythos die „Überlieferung eines Volkes von seinen Vorstellungen über die Entstehung der Welt, seine Götter, Dämonen usw.“. Ich gehe wohl nicht zu weit in meiner Interpretation, wenn ich davon ausgehe, in das ‚und so weiter‘ gehöre auch die Beziehung zwischen den Geschlechtern. In Wahrigs kurzer Erklärung sind eine ganze Reihe aufschlussreicher Einzelheiten versteckt. Ein Mythos sei eine „Überlieferung“, das heißt, er wird von einer Generation zur nächsten weitergegeben. Die Konkretisierung, dass es sich um die Überlieferung „eines Volkes“ handele, weist darauf hin, dass zumindest die Mehrheit daran beteiligt ist. Was die Mehrheit da aber überliefert, sind ihre „Vorstellungen" – nicht etwa Tatsachen oder gar Wahrheiten.

Wenn nun also irgendetwas durch jahrzehnte- oder jahrhundertelange Überlieferung von einer Generation zur nächsten als Mythos bei uns angekommen ist, machen sich die wenigsten klar, dass es sich um eine Vorstellung und eben nicht – oder nicht unbedingt – um eine Tatsache handelt. Der Dichter Rainer Maria Rilke soll den Mythos Ehe so beschrieben haben: „Es fällt niemandem ein, von einem Einzelnen zu verlangen, dass er glücklich sei, – heiratet einer aber, so ist man sehr erstaunt, wenn er es nicht ist." Weil dem auch heute noch so ist, gehört schon sehr viel Mut dazu, öffentlich zuzugeben, dass uns die Ehe nicht glücklich gemacht hat. Da die überlieferte ‚Wahrheit' besagt, dass Ehe glücklich mache, sind die Nicht-Glücklichen die vermeintlichen Ausnahmen, mit denen etwas nicht in Ordnung ist. Wer möchte schon aus der Rolle fallen, nicht in Ordnung sein?! Da ist es leichter, so zu tun – oft auch vor uns selbst –, als wären wir ‚normal', also ‚ebenfalls' glücklich in unserer Zweierbeziehung.

Zu diesem Zweck werden Fassaden errichtet. Häufig wird eine Fassade jahrelang auf brillante Weise aufrechterhalten – so brillant, dass der ganze Freundeskreis völlig überrascht ist, wenn wieder einmal ein ach so glückliches Paar sich trennt. Aber es gibt natürlich auch die andere Form: Ehen, in denen hinter der Fassade die Aggressionen so hin- und herzischen, dass die ZuschauerInnen nicht umhin können, sie wahrzunehmen.

Ich habe in meinem Bekanntenkreis auch langjährige Ehepaare in ihren 60ern, die nach jahrzehntelangen Querelen nun wortreich die Segnungen der Ehe preisen. Hätte ich sie jetzt erst kennengelernt, würde ich ihnen wahrscheinlich Glauben schenken. Aber da ich sie schon Jahrzehnte kenne, kann ich mich nur wundern. Sich in jungen und mittleren Jahren gegenseitig das Leben sehr schwer zu machen, um dann endlich in relativer Ruhe miteinander alt zu werden, das erscheint mir nicht sehr erstrebenswert zu sein. Ist es jetzt endlich wirklich schön miteinander, oder gibt es andere Gründe, zusammenzubleiben, und das jetzt schön zu finden?

Der Volksmund formuliert süffisant und zutreffend: Mit dir an meiner Seite kann ich all die Probleme ertragen, die ich ohne dich gar nicht gehabt hätte; oder in einer anderen Version: die du unweigerlich mit dir bringst. Eine Freundin in meinem Alter, seit langen Jahren in einer Paarbeziehung, spitzt diese Volksweisheit in folgenden Worten zu: Es gehe nicht darum, *aufgrund* des Partners Zufriedenheit zu erlangen, sondern *trotzdem*. Das würde meine Schwester, die bezeichnenderweise zur nachfolgenden Generation gehört, mit einem augenrollenden „Na, ich weeß nich!" quittieren.

Einen solchen Sinn für die Realitäten des Lebens wie ihn der Volksmund so häufig an den Tag legt, halte ich für eine ganz wichtige Voraussetzung für persönliches Wohlbefinden. Die Bibel hat in Luthers schöner Übersetzung eindringlich formuliert: „die Wahrheit wird euch freimachen." Von der Richtigkeit dieser Behauptung möchte ich Sie gerne überzeugen. Leicht ist das natürlich nicht. Weder ist es leicht, die Wahrheit zu finden, noch ist es leicht, sie zu ertragen. Wenn wir unsere Augen erst einmal geöffnet haben, können wir sie nicht mehr schließen; dann müssen wir die Konsequenzen aus dem Erkannten ziehen. Das ist oft schmerzlich, zumindest zu Beginn. Aber das Ziel, die Befreiung, ist ein großes und deshalb aller Mühen wert.

Trennen Sie sich demzufolge von überzogenen Erwartungen und von romantisierenden Vernebelungstaktiken. Durchschauen Sie die Botschaften der Hochglanzpresse, der Seifenopern im Fernsehen und in Büchern sowie diejenigen Ihrer wohlmeinenden Bekannten als das, was sie sind: Wunschvorstellungen, Teile einer Maschinerie, die den Mythos ‚Glück zu zweit' tradiert, einen Mythos, der nicht viel mit der Realität gemein hat. Gucken Sie genau hin, und dann werden Sie nicht umhin können zu sehen, dass die wenigsten Menschen in Paarbeziehungen glücklicher sind als diejenigen, die alleinleben. Laut einer Studie der Weltgesundheitsorganisation schadet Verheiratetsein sogar dem Seelenleben der Frauen: Frauen insgesamt sind deswegen häufiger depressiv als Männer, weil *verheiratete* Frauen überproportional häufig depressiv sind. Nach Angaben der Psychologin Andrea Niedecken aus Hamburg z. B. neigen verheiratete Frauen eher zu psychischen Erkrankungen. Depressionen, Alkoholismus und Selbstmordgefährdung kommen bei verheirateten Frauen häufiger vor als bei alleinlebenden. Bei Männern ist es übrigens umgekehrt: Unverheiratete Männer sind psychisch schlechter dran als verheiratete. Diese Erkenntnisse werden durch eine Studie der Harvard-Universität bestätigt.

Eine Statistik aus dem Jahre 2003 hält fest, dass 40 Prozent aller Ehen in Deutschland geschieden werden, die meisten übrigens bereits nach fünf bis zehn Jahren. Manchmal stößt der interessierte Mensch auch in ganz anderen Zusammenhängen auf Hinweise auf glückliche bzw. unglückliche Frauen in Partnerschaften. So untersuchte z. B. die Universität Gießen, welche Berufsgruppen in Deutschland am besten schlafen und fand heraus, dass Hausfrauen am schlechtesten schlafen. Das angesehene Max-Planck-Institut hat das Hausfrauendasein unumwunden als „lebensverkürzend" beschrieben.

Wenn wir ehrlich mit uns sind, müssen viele von uns zugeben, dass auch wir jahrelang wider besseres Wissen in

Beziehungen geblieben sind, die uns nicht glücklich gemacht haben. Wir haben unser Wissen energisch unter den Teppich gekehrt und uns dann immer wieder (im übertragenen Sinn) auf den Teppich geworfen und mit aller Kraft seine Zipfel hinuntergedrückt, wenn wieder einmal eine Erkenntnis darunter hervorlugen wollte. Hin- und hergerissen zwischen Schuldgefühlen, Zweifeln und dem Wunsch, allein zu sein, haben wir die Trennung oft jahrelang vor uns hergeschoben. Wir haben uns Tabletten gegen Kopf- und Bauch- und sonstwelche Schmerzen verschreiben lassen, die nicht viel geholfen haben, nicht hatten helfen können, weil die Schmerzen eine Folge, nicht die Ursache unseres Unwohlseins waren.

Ich selbst habe mehrmals in meinem Leben viel zu lange mit Trennungen gewartet. Es ist wirklich erstaunlich, welche deutlichen Anzeichen wir nicht wahrhaben wollen, wie eifrig wir sie vor uns selbst zu verbergen wissen, sie stattdessen eben unter den Teppich kehren. Ich begann erst heimlich, später offen davon zu träumen, allein alt zu werden. Ich sehnte mich danach, (in den Worten einer Freundin) „den ganzen Klumpatsch loszuwerden“. Ich hätte schreien mögen und ging doch brav meinen täglichen Verpflichtungen nach. Zwei-, dreimal im Jahr brach sich der ganze Frust in einem Streit wortreich bahn; dann geschäftige Ruhe bis zum nächsten Mal.

So sehr wir uns übrigens selbst etwas vorgemacht haben, so wenig scheint es uns gelungen zu sein, unsere Töchter hinters Licht zu führen. Die US-amerikanische Therapeutin Elizabeth Debold schreibt: „Die Tochter durchschaut die Lebenslügen, mit denen sich die Mutter Tag für Tag durch den Familienalltag manövriert: die Lüge von der großen Liebe, die Lüge von Gleichberechtigung und Partnerschaft, die Lüge von der sexuellen Freiheit.“ Wir sind es unseren Töchtern schuldig, ehrlich mit ihnen umzugehen. Wir dürfen ihnen nichts mehr von Prinzen auf weißen Pferden erzählen; wir dürfen sie nicht mit romantischen Unehrlichkeiten benebeln; wir müssen sie dazu erziehen, in sich selbst die Verwirklicherinnen ihres eigenen Lebensglücks zu sehen. Natürlich dürfen wir nicht bei unseren Töchtern halt machen. Unsere Söhne werden einst die Partner unserer Töchter sein, auch deshalb müssen wir unsere Söhne zu echten Partnern erziehen. Aber natürlich ebenso um ihrer selbst willen, denn auch sie werden durch partnerschaftliche Beziehungen bereichert werden.

Beides ist leichter gesagt als getan. Immer wieder einmal hört man den Vorwurf an Mütter, dass sie doch diejenigen seien, die ihre Mädchen und Jungen zu der Sorte Erwachsene erziehen, die wir dann ablehnen. Dabei wird übersehen, dass niemand – auch Mütter nicht – im luftleeren Raum leben. Wollen sie lebenstüchtige Kinder aus ihren Mädchen und Jungen machen, und welche Mutter würde das nicht wollen, müssen sie sie nach den Vorstellungen der Gesellschaft erziehen, in die die Kinder hineinwachsen.

Wir alle leben nicht im luftleeren Raum. Wir alle leben in einer Gesellschaft, die uns gewisse Vorgaben macht. Wir alle müssen uns daher bemühen, mit diesen Vorgaben zurechtzukommen. Viele von uns können das nur durch den Rückgriff auf Lebenslügen. Uns selbst und anderen etwas vorzumachen, kostet sehr viel Kraft. Vielleicht haben Sie irgendwann die Kraftanstrengung aufgegeben, derer es bedarf, um die Fassade aufrechtzuerhalten und stattdessen ein Haus gebaut. Was das mit ‚stattdessen' zu tun hat? Aufgrund meiner langjährigen Beobachtung der Menschen um mich herum und auch meines eigenen Verhaltens habe ich fünf Tätigkeiten entdecken können, die die Menschen zu einem Zeitpunkt in Angriff nehmen, an dem sie die Lüge nicht mehr sehr viel länger aufrechterhalten können; zu einem Zeitpunkt, an dem es eigentlich schon zu spät ist, die Partnerschaft noch zu retten; zu einem Zeitpunkt also, an dem sie sich eigentlich von ihrem Partner (oder der Partnerin) trennen sollten, weil die Beziehung am Ende ist. Neben dem Bau oder Kauf eines Hauses oder einer Eigentumswohnung nach Jahren in Mietwohnungen, gibt es das Zusammenziehen von Paaren, die schon jahrelang in zwei Wohnungen gelebt haben; die offizielle Eheschließung nach Jahren ohne Trauschein; das Kinderkriegen nach Jahren ohne Kinder; oder die Aufnahme einer Paartherapie nach jahrelangen Schwierigkeiten. Letztere führt nach meiner Beobachtung übrigens zu nahezu 100 Prozent zur Trennung des Paares und nicht etwa zur erhofften Verbesserung der Beziehung, was aber natürlich auch sein Gutes hat.

Die beschriebenen Tätigkeiten sind Teil einer Vernebelungstaktik, die dazu dient, den Schwierigkeiten nicht offen begegnen zu müssen. So stürzen sich die Menschen in eine Geschäftigkeit, mit deren Hilfe die Erkenntnis der eigentlichen Probleme erst einmal verhindert werden kann. Sie bauen aus, sie bauen um, sie dekorieren neu – auch im übertragenen Sinn. Für ein paar Jahre ist Luft gewonnen.

Nicht nur tendieren wir dazu, die eigene Beziehung falsch wahrzunehmen, wir tun das oft auch mit den Beziehungen anderer Menschen. So neigen viele von uns wider alle Erfahrung dazu, Glück in andere Paare hineinzuprojizieren. Sehen wir auf der Straße ein uns fremdes Paar Händchen haltend entgegenkommen, so unterstellen wir sofort glänzenden Auges, dass sie glücklich sind. Beobachten wir ein Paar im Theater, so bemerken wir neidisch, dass es Paare mit gleichen Interessen gibt. Sitzen zwei Alte nebeneinander auf einer Parkbank, so denken wir gerührt an eine 50 Jahre währende glückliche Partnerschaft. Dabei ist die Wahrscheinlichkeit erheblich größer, dass das erste Paar hinter der nächsten Straßenecke anfängt zu streiten, dass der Mann im zweiten dem Drängen seiner Frau ausnahmsweise einmal nachgegeben hat, und dass sich das dritte Paar nach Jahrzehnten des Kampfes nichts mehr zu sagen hat oder einfach zu müde geworden ist.

Kurz nachdem ich mich getrennt hatte, unterstellte mir eine Freundin, ich könne Paare nicht zusammen ertragen. Sie ging dabei von der weitverbreiteten illusionsgeladenen Haltung gegenüber Paaren aus. Aber in meinem Fall irrte sie, weil sie weder meinen stark ausgeprägten Realitätssinn, noch meine 40jährige Erfahrung mit Partnerschaften, noch mein fortgeschrittenes Alter berücksichtigt hatte. Mir fällt schon seit langen Jahren eher auf, wieviele Paare, die ich persönlich kenne oder denen ich so auf der Straße begegne, ein unzufriedenes Gesicht machen, als dass ich ihr ‚Glück' beneidete. Wenn wir genau hinsehen, gibt es da auch nicht so sehr viel zu beneiden. Nicht um einen einzigen der (Ehe)Männer meiner Freundinnen habe ich sie je beneidet, nicht einmal um die, die mir sympathisch sind. Das liegt natürlich auch daran, dass wir in den allerwenigsten Fällen überhaupt nachvollziehen können, was ein bestimmter Mensch an einem bestimmten anderen Menschen so besonders liebenswert findet.

Versuchen Sie es doch einmal selbst. Gehen Sie durch die Straßen Ihrer Stadt und beobachten Sie die Paare, die Ihnen entgegenkommen. Bemühen Sie sich bewusst, Ihren verklärenden Blick zu Hause zu lassen. Finden Sie es nicht auffällig, wie verkniffen die Gesichter der meisten Menschen sind? Wieviele Mundwinkel nach unten gezogen sind? Wie mürrisch die Menschen aussehen? Und gerade auch die, die zu zweit daherkommen?

Natürlich gibt es auch zufriedene Paare, und das ist ja auch sehr schön so und sei ihnen neidlos – ja neidlos – gegönnt. Aber sie für die Regel anstatt für die Ausnahme zu halten, zeugt von einer erstaunlich verzerrten Wahrnehmung und hilft der Alleinstehenden nicht weiter. Anstatt weiterhin einem Traum nachzuhängen, der immer schon eher unwahrscheinlich zu erfüllen war – und mit zunehmendem Alter erst recht –, möchte ich Sie dazu ermutigen, eine realistische Alternative zu überdenken, von der ich überzeugt bin, dass sie für viele eine echte positive Alternative darstellt: nämlich die, ganz bewusst alleinzubleiben.

Ein häufig gegen das Alleinbleiben vorgebrachtes Argument ist es, dass der Mensch dann vor allem im Alter allein sei, und das sei ganz schrecklich. Aus irgendeinem Grund wird es so dargestellt, als ob das Alleinsein im Alter zweifellos noch unangenehmer sei als in jüngeren Jahren. Dieser Behauptung möchte ich drei Gedanken entgegenstellen. Zum einen ist es grundsätzlich zu kurz gegriffen, davon auszugehen, der Mensch sei einsam, wenn er keinen einzigen, alleinigen Partner (keine Partnerin) habe. Wie einsam der Mensch gerade auch in einer Zweierbeziehung sein kann, haben wohl die meisten von uns schon erfahren müssen. Dies umso mehr, wenn der – leider häufige – Fehler begangen wurde, sich von einem eigenen Freundeskreis zu trennen.

Zweitens ist es – in den meisten Fällen – einfach falsch, anzunehmen, in jüngeren Jahren könne der Mensch besser allein sein. Im allgemeinen sind wir hingegen erst im mittleren Alter soweit bei uns selbst angekommen, dass wir etwas mit uns selbst anfangen können, dass wir uns selbst endlich genug sind. Zwiegespräche mit sich selbst setzen einen interessanten Kopf voraus, soll Max Frisch gesagt haben. Mal ehrlich, ab welchem Alter wurde Ihr

Kopf wirklich interessant? Doch wohl kaum bevor die Enttäuschungen, die das Leben so mit sich bringt, uns haben entwickeln lassen. Es ist keinem jungen Menschen vorzuwerfen, dass er sich für sehr schlau hält, wenn er es noch gar nicht sein kann. Wenn ich denke, für wie schlau ich mich als junger Mensch hielt, und wie dumm ich war! Aber woher hätte ich das denn wissen können? Wo hätte denn ohne Lebenserfahrung der interessante Kopf herkommen sollen?

Ich weiß, das ist nicht fair jungen Menschen gegenüber. Auch ich kenne viele sehr junge und junge Menschen, mit denen ein Zusammensein in jeder Hinsicht lohnend ist. Aber paradoxerweise ist es heutzutage nicht mehr nötig zu verteidigen, dass junge Menschen interessant sind; alles um uns herum suggeriert das unhinterfragt. Stattdessen müssen wir heutzutage verteidigen, warum ein mittelalter, älterer oder alter Mensch interessant ist. Ich komme in einem späteren Kapitel noch einmal darauf zurück, aber ich möchte hier schon einmal anmerken, dass ich es erstaunlich finde, wie die Einstellung zu Jugend und Alter in den letzten Jahrzehnten buchstäblich auf den Kopf gestellt worden ist.

Mein drittes Argument gegen die weitverbreitete Behauptung, im Alter sei das Alleinsein besonders schrecklich, rüttelt wieder an einem Mythos. Elke Heidenreich, um ein Beispiel zu nennen, beschreibt diesen Mythos in einer ihrer Kurzgeschichten folgendermaßen:

> Und dann kam noch Anita, Almas älteste Freundin, die immer allein gelebt hatte. Männer ohne Zahl waren durch ihr Leben, ihr Bett, ihr Bad, ihre Küche gegangen, keiner war geblieben, weil sie auch nie gewollt hatte, dass einer blieb, aber jetzt, mit über 50, wurde die Sache langsam

> ein bisschen gefährlicher und ein einsames Alter kündigte sich an, das wusste Anita und flüchtete sich in immer längere und immer weitere Reisen [...].

Warum das Leben einsam werden sollte, wenn nicht der xste Mann sich vorübergehend in Anitas Bett, Bad oder Küche aufhält, wird nicht erklärt. Heidenreich unterstellt zurecht, dass ihre LeserInnen keine Erklärung dafür brauchen. Schließlich handelt es sich um einen Mythos, den jeder Mensch kennt. Es liegt in der Natur von Mythen, dass sie allgemein bekannt sind; weshalb sie weder erklärt werden müssen, noch hinterfragt werden. Wozu auch – schließlich weiß doch jeder Mensch, dass einsam ist, wer im Alter ohne Partner oder Partnerin ist.

Es bleibt in meinem Alter nicht aus, dass ich mit einer Reihe von Menschen zu tun habe, die alt sind. Meine eigenen alten Verwandten und die Berichte meiner Freundinnen und Freunde über die ihren sowie der Kontakt mit NachbarInnen geben mir einen recht breiten Einblick in die Problematik des Altwerdens und des Altseins. Den meisten Frauen dürfte die Problematik sicherlich genauso geläufig sein, weil es in unserer Gesellschaft in überwältigender Mehrheit die Frauen sind, die sich um Menschen kümmern, die auf die Hilfe anderer angewiesen sind.

Da es eine Angewohnheit von mir ist, über alles, was ich sehe und höre, nachzudenken, Unterstellungen zu hinterfragen und scheinbar Offenkundiges zu überprüfen, bin ich inzwischen zu der Überzeugung gekommen, dass es wieder so ein Mythos ist (also eine überlieferte Vorstellung und nicht unbedingt die Wahrheit), zu zweit alt zu werden, sei etwas ganz und gar Erstrebenswertes und allein alt zu werden etwas ganz und gar Schreckliches. Selbst Menschen, die sich in ihren jüngeren Jahren herzlich zugetan waren, gehen sich nach meiner Beobachtung im Alter zunehmend gegenseitig auf die Nerven. Die Kölner Diplompsychologin Christine Sowinski hat bezeichnenderweise festgestellt, dass sich langjährige Ehepaare viel mehr streiten als neue Partner.

Das ist nicht wirklich verwunderlich, wenn wir als Außenstehende einmal genau hinsehen. Alt zu werden – ich meine wirklich alt – ist keine leichte Aufgabe. „Es ist nichts für Feiglinge", formuliert eine Freundin. Selbst am besten zu bemerken, wie die eigenen körperlichen und geistigen Fähigkeiten nachlassen, ist schmerzlich. Schleichend beobachten zu müssen, dass uns die jüngeren Menschen, mit denen wir zu tun haben, nicht mehr ganz ernstnehmen, ist verletzend. Mit den psychischen und körperlichen Einschränkungen fertigzuwerden, erfordert die ganze Frau und den ganzen Mann. Spiegelbildlich im einst geliebten Partner (der Partnerin) den eigenen Verfall mit ansehen zu müssen, scheint keineswegs eine Erleichterung zu sein. Dass geteiltes Leid halbes Leid sein soll, scheint mir in diesem Zusammenhang – wenn denn überhaupt – nicht zuzutreffen. Im Gegenteil, geteiltes Leid scheint hier das eigene Leid zu vergrößern.

Natürlich gibt es Ausnahmen. Natürlich gibt es alte Menschen, die froh miteinander alt werden. Aber wiederum möchte ich Sie dazu ermutigen, Behauptungen, die als unumstößliche Wahrheiten in den Raum gestellt werden, nicht einfach unhinterfragt zu akzeptieren, sondern genau hinzuschauen und den Versuch zu machen, aus eigenen Beobachtungen eigene Schlüsse zu ziehen.

Von Kosten und Nutzen

Ehemänner zu wechseln, bedeutet nur, die Schwierigkeiten zu wechseln.
Kathleen Norris

Ich komme sowohl mütterlicher- als auch väterlicherseits aus einer Familie von Kaufmännern und -frauen. Daher ist mir der Gedanke vertraut, dass Kosten und Nutzen im Interesse des Ganzen in einem gesunden Verhältnis zueinander stehen müssen. Diesen Gedanken fand ich kürzlich in einem Artikel über die Länge von Ehen aufgegriffen. Da hieß es, „dass sich Menschen in Sachen Liebe und Partnerschaft nicht nur vom Gefühl, sondern auch vom Kalkül leiten lassen: Sind die ‚Kosten' einer Ehe höher als ihr ‚Nutzen', kommt es zur Scheidung." Der Autor des Artikels hatte wohl ein gewisses Problem mit der Sicht von Liebe und Partnerschaft als Kalkül. Deshalb setzte er Kosten und Nutzen in Anführungszeichen. Ich hingegen finde, es wird höchste Zeit, rational an unsere Partnerschaften heranzugehen und zu gucken, ob das, was wir einbringen, in einem gesunden Verhältnis zu dem steht, was wir erhalten. Ich hege die Vermutung, dass die größere Unzufriedenheit von Frauen in Partnerschaften genau hier ihren Ursprung haben könnte: Sie geben unter dem Strich mehr, als sie bekommen. ‚Unter dem Strich' ist interessanterweise auch ein Begriff aus dem kaufmännischen Bereich.

Wenn ich Sie jetzt dazu ermutigen möchte, einmal Kosten und Nutzen Ihrer Partnerschaften abzuwägen, meine ich natürlich nicht, ein kleinliches Aufrechnen gegenseitiger Dienste und Zuwendungen. Solange wir das Gefühl haben, dass die Konten unter dem Strich ausgeglichen sind, fühlen wir uns gut. Das ist in Beziehungen zu anderen Menschen – zu Verwandten, FreundInnen, KollegInnen, NachbarInnen – auch nicht anders. Erst wenn wir das Gefühl haben, häufig mehr zu geben als wir empfangen, werden wir unzufrieden mit der Beziehung. Das ist eine leicht nachvollziehbare und verständliche Reaktion.

Machen Sie doch bitte einmal eine Liste mit drei Spalten. In die erste Spalte tragen Sie – gedanklich oder wahrhaftig – die Stunden in Ihrem Leben ein, in denen das Zusammensein mit einem Partner (oder Partnerin) zu wahrhaft glücklichen Stunden führte. In die zweite Spalte kommen die Stunden mit den Partnern, die neutral waren (die Stunden meine ich, nicht die Partner), und in die dritte die Stunden, in denen Sie unglücklich waren. Als ich diesen Vorschlag mit meiner lebensklugen alten Mutter teilte, sagte sie an diesem Punkt zu ihrem Mann trocken: „Das lässt Du besser!"

Wahrscheinlich müssen Sie bei dieser Aufstellung nicht besonders ins Detail gehen, um festzustellen, dass ein mehr oder minder großes Missverhältnis zwischen der Anzahl der glücklichen und der unglücklichen Stunden besteht. Natürlich nur, wenn Sie ganz ehrlich mit sich sind und wenn Sie dazu in der Lage sind, einem eigenartigen Phänomen entgegenzuwirken: dass nämlich unsere Erinnerung dazu neigt, zu beschönigen, zu glätten, ja, zu glorifizieren. Ein Freund in meinem Alter trauert bis heute seiner ersten Ehe nach. Je weiter sie zurückliegt, desto schöner wird sie in seiner Erinnerung. Wäre ich damals nicht häufig mit den beiden zusammengewesen, und könnte ich mich nicht an die vielen Auseinandersetzungen erinnern, so wüsste ich nicht einmal, welchen Streich ihm sein Gedächtnis spielt. Das gleiche gilt möglicherweise für die schon erwähnten langjährigen Ehepaare, die ihre jahrzehntelangen schlechten Ehen lautstark beginnen zu glorifizieren.

Ein US-amerikanisches Forscherteam unter der Leitung von Susan Charles hat übrigens herausgefunden, dass die meisten älteren Menschen zufrieden auf ihr Leben zurückblicken, weil ihnen ihr Gedächtnis das Verhältnis von guten und schlechten Erinnerungen zu Gunsten der positiven verzerrt. Die ForscherInnen sind der Meinung, dass Menschen rückblickend positive Erlebnisse suchen und negative meiden. Sie halten das nicht etwa für einen Verdrängungsprozess: Die negativen Erlebnisse sind ja durchaus noch in der Erinnerung, sie werden im Rückblick nur als weniger schlimm bewertet.

Falls Sie dieses Phänomen nicht berücksichtigt haben, sollten Sie Ihre dreispaltige Aufstellung noch einmal durchgehen. Ich persönlich habe in meinem Leben im Zusammenhang mit den diversen Männern meines Lebens Badewannen voll geweint. Nun hat nicht jede Frau so nah am Wasser gebaut wie ich, und darum werden Sie vielleicht nicht soviel geweint haben. Aber es gibt ja die verschiedensten Arten und Weisen, auf die Menschen ihre Wut, Enttäuschung, Ärger oder Verzweiflung zum Ausdruck bringen, und Sie werden selbst am besten wissen, auf welche andere Weise sich Ihr Leid ausgedrückt hat.

Sollte Ihre Liste tatsächlich ein solches Missverhältnis zwischen der Anzahl der glücklichen und der unglücklichen Stunden aufweisen, dann ist es an der Zeit, den Versuch zu starten, Soll und Haben auszugleichen. Der nächstliegende Gedanke ist wohl der, es einmal mehr mit einem anderen Mann zu versuchen, nicht wahr?! Nicht nur die meisten ‚ganz normalen' Menschen hängen dieser Vorstellung an, auch sogenannte Fachleute. Der Diplom-Psychologe Volker Barrabas aus Witten z. B. hat eine ganze Menge Hilfreiches dazu zu sagen, wie wir Trennungen überstehen können. Aber dann kommt er mit folgendem Vorschlag: Es sei während der schwierigen Trennungsphase hilfreich, sich nachstehenden Satz aufzuschreiben und ihn sich möglichst oft zu sagen: „Ich lasse los, was nicht zu mir gehört und öffne mich für die Erfahrung wahrer Liebe!" Das halte ich – mit Verlaub – für gequirlten Blödsinn. Wieder einmal wird hier unmissverständlich und wider alle eigene Erfahrung und fremde Beobachtung behauptet, dass es die ‚wahre' Liebe gäbe und dass wir in einer neuen Beziehung ganz bestimmt glücklich werden würden, wenn wir diese wahre Liebe nur fänden.

Psychologen und Therapeuten sind auch nur Männer – das habe ich mal zu meinem Therapeuten gesagt, und der fand das gar nicht komisch. Nun haben wir sicherlich alle schon einmal die Erfahrung gemacht, dass jemand besonders verärgert reagiert, wenn er getroffen wurde. „Versenkt!" pflegten einer meiner Lebenspartner und ich dann triumphierend auszurufen. Die Tatsache, dass Therapeuten nicht nur Therapeuten, sondern auch Männer sind, heißt meines Erachtens, dass sie nicht dazu in der Lage sind, sich Frau ohne Mann glücklich vorzustellen. Es scheint sie in ihrer persönlichen Mannesehre zu kränken. Auch sie folgen der uralten – theoretischen – Vorstellung, dass der Mensch im allgemeinen und die Frau im besonderen nur mit einem liebenden Menschen, sprich Mann, an ihrer Seite ein erfülltes Leben führen kann – egal ob wir nun mit einer Reihe praktischer Beispiele zum Beweis dieser Behauptung aufwarten können oder nicht.

Ein ganz und gar abschreckendes drittes Beispiel dieser Sorte männlicher Psychologen hörte ich ganz zufällig im Radio. Was ich da hörte, verschlug mir buchstäblich den Atem. Da ruft eine hörbar gequälte Frau um die 50 im Radio an und erzählt mit leiser, stockender Stimme von ihrem Brustkrebs. Als man ihr die erste Brust abgenommen hatte, verließ sie ihr Ehemann. Nun, ein paar

Jahre später, hatte man ihr auch die zweite Brust noch abgenommen, und es plagte sie der Gedanke, ob sie denn noch jemals einen neuen Partner würde finden können. Und was höre ich da diesen Therapeuten im Studio mit mitfühlender Stimme zu ihr sagen? Dass sie *natürlich* noch eine Chance hätte auf einen neuen Partner, dass es *natürlich* einfühlsame Männer gäbe, die zu solchen Partnerschaften bereit wären. Bereit zu einer Paarbeziehung mit einer Frau ohne Brüste?! *Das* Exemplar Mann würde ich gern einmal sehen! Der Psychologe schien nicht darüber informiert zu sein, dass zwar Frauen bei ihren Männern bleiben, wenn die z. B. schwer krank werden oder ins Gefängnis müssen, aber umgekehrt Männer ihre Frauen in diesen Situationen mehrheitlich im Stich lassen. Wie die Anruferin darüber hinaus diese Stecknadel im Heuhaufen finden sollte, darüber verlor der Therapeut im Radio kein Wort. Und schon gar nicht eröffnete er ihr eine andere, realistischere Alternative, nämlich die, ihr Lebensglück auf andere Art und Weise zu finden.

Bevor Sie sich über mich ärgern, ist es wohl an der Zeit, etwas Grundsätzliches klarzustellen. Wenn ich solche allgemeine Äußerungen von mir gebe, meine ich natürlich nicht 100 Prozent der Betroffenen. Meine Schwester pflegt an solchen Stellen genervt darauf hinzuweisen, dass sie nicht jedes Mal hinzufügen möchte, dass sie um die Ausnahmen weiß. Sie gibt 80 Prozent als den Anteil der Menschen an, die sie meint, wenn sie Verallgemeinerungen trifft. Ich ließe mich vielleicht auf 70 Prozent herunterhandeln. Aber auch ich möchte hiermit klarstellen, dass ich bei Verallgemeinerungen natürlich immer nur eine Mehrheit meine und ich durchaus um die Ausnahmen weiß.

Zurück zu Ihnen. Glauben auch Sie, dass Sie das Missverhältnis von glücklichen und unglücklichen Stunden in Ihren vergangenen Beziehungen in Zukunft ausgleichen könnten, wenn Sie nur den Richtigen fänden? Dass mit einem anderen Mann alles so schön gewesen wäre, wie der Mythos Ehe behauptet? Trotz der vielen Belege für das Gegenteil? Ist nicht eher anzunehmen, dass mit einem anderen Mann zwar manches anders gewesen wäre – aber nicht besser? Sie hätten höchstwahrscheinlich andere Probleme gehabt, aber nicht weniger. Sollten Sie anderer Meinung sein, sind Sie in guter Gesellschaft, oder doch zumindest in zahlreicher. In einem Buch über „Die Kunst des Reisens" schreibt Alain de Botton, dass es mit der Liebe ähnlich sei wie mit dem Reisen: „Auch nach der schrecklichsten Liebesbeziehung möchten sich die meisten am liebsten gleich wieder neu verlieben."

Wenn es allein das wäre! ScheidungsanwältInnen und MitarbeiterInnen in Beratungsstellen berichten, dass die Hälfte aller Frauen, die zu ihnen kommt, kurze Zeit später die gleichen Fehler mit einem anderen Mann macht. „Für ein bisschen Zuneigung", erläutert der Familientherapeut Michael Antes aus Saarlouis, „nehmen die Frauen in Kauf, dass sonst nichts stimmt". Was für eine niederschmetternde Feststellung! Antes weiß auch, dass bei liebenden Männern die Bereitschaft zu leiden nicht annähernd so groß ist wie bei Frauen: „Bei Männern ist die Grenze viel schneller erreicht", sagt er. Ein paar Wochen nach meiner letzten schmerzlichen Trennung erzählte ich einem Mann in wenigen Worten von dem sieben Monate währenden Dreieck, aus dem ich erst kurz zuvor herausgefunden hatte. Der Mann sah mich völlig entgeistert an. „Sieben Monate haben Sie dazu gebraucht?! Ich hätte das nicht länger als eine Woche mitgemacht!" Mir wäre wahrlich einiges erspart geblieben, wenn ich es fertiggebracht hätte, eher zu gehen. Mir scheint, in Sachen Selbstschutz und Selbstbewusstsein können wir noch etwas von Männern lernen.

Als wir jung waren, da haben wir auch geglaubt, dass beim nächsten Mann alles anders werden würde, wie der Titel eines Bestsellers einst versprach. Solange wir jung sind, ist dieser Glaube wohl normal, aber jetzt nicht mehr. Jetzt trennen Sie sich bitte von dem Gedanken, ein anderer Mensch wäre in der Lage, Ihnen Ihr Lebensglück zu bescheren, und wenn nicht dieser, dann war er der falsche und dann wird es eben der nächste tun. Wolfgang Tress, Professor für Psychotherapie an der Düsseldorfer Universität, hält „den uneingeschränkten Anspruch auf Wunscherfüllung" durch den Partner übrigens für einen der typischen Fehler, der Ehen scheitern lässt. Wahrscheinlich lässt die meist unausgesprochene Forderung an einen anderen Menschen, unsere Wünsche zu erfüllen, nicht nur Ehen scheitern. Sie kann auch jede andere Art von Beziehung sehr belasten.

Per se zu behaupten, in der Zweisamkeit läge des Menschen Himmelreich, zeugt von Wunschdenken, nicht von klarem Durchblick. Der Gedanke ist übrigens nicht so alt, wie Sie vielleicht meinen. Erst im 19. Jahrhundert setzte sich die Vorstellung von einer Liebesheirat in unseren Breitengraden durch. Bis dahin wurden Ehen aus praktischen Gründen geschlossen. Sie waren wichtig für ein geregeltes Miteinander innerhalb einer größeren Gemeinschaft von Menschen, die in Dörfern oder kleinen Städten zusammenlebten. Die zu überwachende Fortpflanzung und das Erben – also das ordnungsgemäße Weiterreichen des Erarbeiteten innerhalb der Familien – standen ebenso im Mittelpunkt wie die Versorgung der und des Einzelnen mit den Notwendigkeiten des täglichen Lebens, die sonst die Gemeinschaft hätte übernehmen müssen.

Interessanterweise dauerte eine Ehe in vergangenen Jahrhunderten im Durchschnitt ganze sieben Jahre! Dann nämlich starb statistisch gesehen einer der beiden

Ehepartner. Die Gründe hierfür waren vielfältig: Die Medizin war noch nicht in der Lage, viele Krankheiten zu heilen; eine große Anzahl von Menschen arbeitete schwer für ihr tägliches Brot und lebte in ungesunden Lebensumständen; für Frauen war jede Geburt im wahrsten Sinne des Wortes lebensgefährlich, dies umso mehr, als zahlreiche Geburten die Regel waren. ‚Bis dass der Tod euch scheidet' kommt also aus Zeiten, in denen das eine ganz andere, nämlich viel geringere Tragweite hatte als heute. Kein Wunder, dass silberne, goldene, diamantene Hochzeiten heutzutage zunehmen. Der Grund dafür ist aber keineswegs, dass wir heute in Ehen soviel glücklicher sind als unsere Vorfahren, sondern dass wir soviel länger leben.

Bei der jetzigen Lebenserwartung überfordern wir uns, wenn wir immer noch einem Modell anhängen, das zu Zeiten erdacht wurde, als die Lebensumstände ganz andere waren. Zweisamkeit in der Enge, wie wir sie heute für richtig halten, ist noch viel jünger. Noch die Generation meiner Großeltern lebte häufig in größeren Familienzusammenhängen als wir. Beide Tatbestände dürften der Grund dafür sein, dass – wie schon berichtet – die Mehrheit der Deutschen die Ehe in der heutigen Form für überholt hält und neue Formen von Partnerschaft ausprobieren. Realistisch betrachtet, ist die Gleichung 1+1 = Glück keineswegs so zutreffend, wie uns von allen Seiten weisgemacht wird, und wie es daher viele von uns noch immer glauben. Die englische Romanautorin Linda Grant lässt eine ihrer Figuren zu einer anderen sagen (bezeichnenderweise eine mittelalte Frau zu einer jungen Frau): „Ich weiß nicht, warum Menschen meinen, Glück liege im Teilen eines Badezimmers." Meine Vermutung ist, dass der Grund für diese Überzeugung darin zu suchen ist, dass es uns von allen Seiten suggeriert wird und dass es sehr schwierig ist, sich solch massiver Suggestion zu entziehen.

Lassen Sie mich noch einmal ein paar Dinge zusammenfassend wiederholen, die ich für außerordentlich wichtig halte: Erstens, Sie bringen Ihr ganzes Leben um Zufriedenheit, wenn Sie nicht beginnen, die Verantwortung für Ihr Glück selbst in die Hand zu nehmen. Nur Sie selbst können Ihr Leben in eine für Sie passende Bahn lenken. Beherzigen Sie den Wahlspruch: Selbst ist die Frau (ebenso wie der Mann). Zweitens, das Problem ist nicht der betreffende Mann (oder die Frau), sondern das System Partnerschaft. Aus diesem Grund kann ein anderer Mann Ihre Unzufriedenheit auch nicht dauerhaft beseitigen; die Suche nach ‚dem Richtigen' wird das Problem nicht lösen. Drittens, wir Menschen mögen ja nicht fürs Alleinsein geschaffen sein, aber mit Sicherheit auch nicht für die lebenslange erstickende Zweierbeziehung, die unsere Gesellschaft immer noch idealtypisch für uns alle vorsieht. Dass Partnerschaften, wie wir sie heutzutage leben, die meisten Menschen nicht glücklich machen, habe ich ausreichend belegt. Das gilt insbesondere für Frauen. Daraus folgt viertens: Versuchen Sie es doch einmal mit einer Alternative. Sie sind jetzt alt genug für Veränderung; alt genug, in neue Richtungen zu denken. Die Jahrzehnte mit den vorangegangenen Männern waren gut oder auch nicht so gut oder auch verheerend, aber jetzt ist es genug. Es darf jetzt auch mal etwas ganz anderes sein!

Zeit für Veränderung, Zeit zur Befreiung

> Riskiere etwas! Riskiere alles! kümmere dich nicht mehr um die Meinung anderer [...]. Tue das Schwierigste auf Erden für dich. Handele für dich selbst. Sieh der Wahrheit ins Auge.
> *Katherine Mansfield*

Zeit also, kritisch und selbstkritisch über Anerzogenes nachzudenken; Zeit, dagegen anzugehen; Zeit, an uns zu denken. Zeit zu ändern, langsam und mit Bedacht, aber bestimmt. Endlich allein; endlich frei; frei von der zwanghaften Ausrichtung auf einen anderen Menschen. Die langen Jahre mit den verschiedenen Partnern waren schön oder okay oder miserabel, aber jetzt ist es genug. Das vorherrschende Gefühl ein paar Wochen, nachdem ich allein übriggeblieben war – und das, wie Sie wissen, nicht freiwillig – war das der Erleichterung und der Befreiung. Mir war, als sei mir ein Zentnerstein von den Schultern genommen worden. Erst als ich nach rund 40 Jahren mit diversen Männern an meiner Seite zum ersten Mal allein war, war ich überhaupt in der Lage, mir einzugestehen, wie belastend all die Jahre gewesen waren.

Dasselbe Wort hat die Schauspielerin Brigitte Mira in demselben Zusammenhang verwendet. Auf ihr langes Leben zurückblickend hat sie erzählt, dass ihre fünf Ehemänner ihr manchmal sehr fehlten, dass sie aber auch „letztendlich alle eine Belastung" gewesen seien.

Nun müssen Sie nicht denken, dass die Männer in meinem Leben alle so schrecklich waren. Im Gegenteil, sie waren eigentlich alle sehr nett und sehr bemüht und mir herzlich zugetan; ich habe keinerlei Gewalterfahrung. Es waren ganz normale Männer in ganz normalen Partnerschaften mit mir, und – soweit ich das beurteilen kann – war auch ich ganz normal. Es ist nur eben so, dass die normale Zweisamkeit für die allermeisten von uns eher belastend ist. Nur, dass wir dieser Tatsache lange nicht ins Auge sehen wollen, weil sie zum einen allem widerspricht, was uns als Ideal seit unserer Jugend vermittelt worden ist und uns nach wie vor täglich vermittelt wird; und zum anderen weil wir sehr wahrscheinlich etwas Grundsätzliches in unserem Leben ändern müssten. Das macht Angst.

Als wir jung waren, war das Verdrängen einer schonungslosen Wahrnehmung ein elementarer Schutz. Wie hätten wir denn sonst all die Jahre in Zweisamkeiten überstehen können?! Ich war schon über 50 und ohne Absicht alleingeblieben, als ich begann zu bemerken, wie wunderbar das Alleinsein ist. Damals fragte ich meine Mutter: „Warum habe ich das nur nicht eher begriffen?“ Und sie antwortete kurz und schlüssig: „Das ist die Biologie!“

Recht hatte sie – und das in mehr als nur einem Sinn. Denn so normal es ist, in jungen Jahren trotz aller Widrigkeiten immer wieder den Versuch zu unternehmen, in der Zweisamkeit Glück zu finden, so wenig normal ist das, wenn Frau erst die Lebensmitte erreicht hat. Nicht einmal die viel beschworene Natur lässt sich dann noch ins Feld führen. Warum hätte sie uns wohl die Wechseljahre geschenkt – ja, geschenkt! –, wenn das nichts zu bedeuten hätte?! Wenn wir trotz der körperlichen Umstellung einfach so weitermachen sollten, als wäre nichts geschehen?! Einmal frech überlegt: Da wir nun fertig sind mit der Nestbauphase, zu welchem Zweck brauchen wir eigentlich weiterhin einen Nestbaupartner? Vor nicht allzu langer Zeit hätte man mich wohl für solche ketzerischen Gedanken ermorden lassen wollen.

Aber im 21. Jahrhundert denken Sie und ich einfach einmal vorurteilsfrei in ganz neue Richtungen.

Verstehen Sie mich nicht falsch: Wenn Sie immer noch zufrieden und glücklich mit Ihrem Nestbaupartner zusammenleben – wie schön für Sie! Dann bleiben Sie nur dabei; warum sollte irgendjemand etwas ändern, das sie zufrieden macht? Aber wenn Sie es nicht sind, oder sich Ihre Wege inzwischen getrennt haben, dann stehen jetzt wahrlich andere Dinge in Ihrem Leben an. Auch das sagt Ihnen die Biologie. Und wenn Sie sich das klarmachen, dann müssten Sie sich auch endlich von der weitverbreiteten Auffassung freimachen können, jeder Mann wäre besser als keiner; für die Nestbauzeit mag das zur Not noch stimmen, jetzt mit Sicherheit nicht mehr. Jetzt sind Sie in einem Alter, in dem es keinen überzeugenden Grund mehr dafür gibt, sich unbedingt mit irgendeinem Mann zusammenzutun.

Ein paar Wochen nach meiner letzten Trennung hatte ich das großartige Gefühl, wie John Wayne zu laufen. Sie wissen schon: Vor lauter Muskeln und Kraft läuft der breitbeinig und breitarmig. Mir wurde auf einmal klar, dass mich meine Beziehungen soviel Kraft gekostet hatten, dass ich fünfmal ohne Sauerstoffflaschen auf den Mount Everest steigen könnte, wenn ich diese Kraft noch hätte.

Wiederum ein paar Wochen später musste ich für eine wissenschaftliche Arbeit eine Widmung verfassen. Unter anderen Umständen hätte ich sie mit Sicherheit dem derzeitigen Mann meines Lebens gewidmet, aber da ich zu dem Zeitpunkt keinen hatte, musste ich mir andere Gedanken machen. Die neue Widmung kam wie von selbst und überraschte mich sehr: Ich widmete die Arbeit all meinen Freundinnen und Freunden mit dem Zusatz „mit denen das Leben eine Freude ist“. Nun müssen Sie wissen, dass ich, solange ich mich erinnern kann, Sehnsucht nach dem Tod verspürt habe. Das Leben als reine Freude zu betrachten, war für mich ganz neu.

Als mich mein Therapeut etwa zu dieser Zeit fragte, mit welchem Bild ich eine der wichtigsten Beziehungen innerhalb der 40 Jahre mit den verschiedenen Männern darstellen würde, kam mir zu meiner eigenen Überraschung das Bild vom Heiligen Christophorus mit dem Jesuskind in den Sinn. Der heilige Christophorus – Sie werden sich erinnern – ist auf den Darstellungen immer ein großer, kräftiger Mann, der in der einen Hand einen dicken, knorrigen Wanderstab hält und auf dem anderen Arm das eher schmächtige kleine Kind trägt. Der Christophorus war ich, das Kind der Mann. Ich bin aus der Beziehung hinausgegangen, als ich nicht mehr länger die Kraft hatte, ihn zu tragen.

Es ist schon unglaublich, wieviel Kraft wir einsetzen, um unsere Partnerschaften am Laufen zu halten. Vielleicht möchten Sie ja gar nicht auf den Mount Everest steigen, wenn Sie diese Kraft noch hätten (ich übrigens auch nicht). Aber ich bin sicher, es gibt andere Dinge in Ihrem Leben, für die Sie diese Kraft sinnvoll einsetzen könnten. Falls Sie jetzt überlegen sollten, was das bei Ihnen sein könnte, dann tun Sie mir einen Gefallen: Fangen Sie nicht sofort wieder damit an zu überlegen, was Sie Ihren Kindern, Ihren Eltern, Ihren Freundinnen, Ihren Ex-Partnern alles Gutes tun könnten! Überlegen Sie lieber, was Sie sich selbst Gutes tun können!

Am Ende jener zwölf Monate nach der allerletzten Trennung, in denen ich – rückblickend betrachtet – unbewusst ein Puzzle legte, um herauszufinden, wie ich meine Zukunft gestalten sollte, steuerte eine Freundin von mir – schon wieder eine Freundin! Ist das immer dieselbe, werden Sie sich längst gefragt haben, oder immer eine andere? Beides. Manche Bemerkungen meiner Freundinnen stammen von denselben Frauen, andere hingegen von anderen Frauen. Keine dieser Erzählungen ist erfunden, alle Äußerungen sind so von Freundinnen, Freunden oder Verwandten gemacht worden. Aber Sie werden verstehen, dass ich absichtlich keine weiteren Angaben zu den Personen mache, die sie identifizierbar machen würden. Dies nur zu Ihrer Information.

Ich hatte also monatelang unbewusst ein Puzzle gelegt, als eine Freundin unabsichtlich das letzte Steinchen zu meiner Klärung beisteuerte. Sie hatte mich netterweise angerufen, um nach meinem Befinden zu fragen und kommentierte in einem Zusammenhang, der hier wenig zur Sache tut: „Die Männer können eben keine Beziehungsarbeit leisten!" Und da brach aus meinem tiefsten Inneren die Antwort heraus: „Ich schon! Ich habe das 40 Jahre lang gemacht. Und jetzt will ich das nicht mehr. Es reicht!"

Ob die Männer das nun können oder nicht, ist seitdem nicht mehr meine Frage. Und dass sie ohne Zweifel ebenso ein Opfer ihrer Erziehung und Sozialisation sind, wie wir Opfer der unsrigen sind, auch nicht. Es ist auch nicht mehr meine Frage, ob es irgendwo vielleicht doch einen gibt, der in der Lage und bereit wäre, Beziehungsarbeit zu leisten. Meine jüngeren Freundinnen setzen da sehr auf den sogenannten ‚neuen Mann'. Wenngleich ich nicht abstreiten möchte, dass es diese Spezies hier und da gibt (und ich freue mich im Interesse meiner jungen Freundinnen über jeden einzelnen von ihnen), ist diese Spezies doch wahrlich nicht so weit verbreitet, dass sie sich leicht finden ließe. Eine Männerstudie – von Seiten in Auftrag gegeben, die sich nun wirklich nicht als männerfeindlich beschimpfen lassen müsste – von den beiden großen Kirchen nämlich, stellte schon 1998 fest, dass der

Abschied vom neuen Mann schon wieder in Sicht sei. Das hängt möglicherweise mit den vielen Einwanderern aus Ost- und Südosteuropa zusammen. Sie haben ein Machogehabe mitgebracht, wie ich es an deutschen Männern schon lange nicht mehr gesehen habe und das ich gänzlich inakzeptabel finde. Da schlechte Beispiele bedauerlicherweise eher abfärben als gute, habe ich die Befürchtung, dass ein Teil unserer Männer sich das abstoßende Gehabe abguckt.

Es gibt auch positive Erscheinungen. Im Jahr 2003 vermerkte der Münchner Familienforscher Wassilios Fhtenakis, dass es eine sanfte Revolution in den Einstellungen junger Männer als Väter gegeben habe. Das erfreut zur Kenntnis genommen, kommt aber schon der Wermutstropfen: Der Forscher weist zugleich darauf hin, dass deutsche Männer nur theoretisch fortschrittlich seien, also in Worten nicht aber in Taten.

An diesem Punkt möchte ich eventuelle junge Leserinnen ganz besonders vor männlichen Verbalfeministen warnen, also solchen Männern, die die Gleichberechtigung mit atemberaubender Versiertheit im Munde führen. Gucken Sie um Himmelswillen ganz genau hin, bevor Sie sich einfangen lassen! Sie wären nicht die Erste (und werden auch nicht die Letzte sein), die sich spätestens nach dem ersten Kind in einer täglichen Situation wiederfindet, die herzlich wenig mit Gleichberechtigung gemein hat. Nach allen entsprechenden Untersuchungen fällt der Vergleich zwischen Theorie und Praxis ganz besonders theoretisch im Bereich Hausarbeit aus. Hier kann auch in Zeiten berufstätiger Partnerinnen keine Rede von auch nur annähernd fair geteilter Arbeit sein. Die Tatsache, dass ein Familienberater beim Sozialdienst katholischer Frauen und Männer in Düsseldorf viele Männer als „regelrecht beratungsresistent“ bezeichnet, lässt auch nicht gerade hoffen. Ebensowenig die Beobachtung US-amerikanischer

Soziologen, dass erwachsenen Männern die Gleichberechtigung überhaupt nicht mehr beizubringen sei.

Könnte vielleicht ein neues Ministerium einem auch in der Praxis ‚neuen Mann' auf die Sprünge helfen? Eine findige Reporterin hat nämlich bemerkt, dass das „Ministerium für Familie, Senioren, Frauen und Jugend" (so heißt es tatsächlich) für alle Menschen zuständig ist – außer für ledige, kinderlose Männer unter 60 Jahren! Es ist nicht überliefert, ob diese Männer, wie eine verbreitete Vorstellung es unterstellt, tatsächlich vor allem BMW-Fahrer sind.

So sehr mich im Interesse meiner jungen Freundinnen die Suche nach dem ‚neuen Mann' beschäftigt, so sehr kann ich mit großer Erleichterung sagen, dass das in meinem Alter nun wirklich nicht mehr meine persönliche Frage ist. Glücklicherweise hat das mit meinem Leben nichts mehr zu tun. Und daher – um auf die oben zitierte Bemerkung der Freundin zurückzukommen – ist es auch nicht mehr meine Frage, ob irgendein neuer oder alter Mann Beziehungsarbeit (geschweige denn Hausarbeit) zu leisten gewillt oder in der Lage ist. Ich muss mir auch nicht mehr beweisen, dass ich beides leisten kann. Wie die meisten von uns, habe ich es hundertfach bewiesen. Unter dem Strich ging es auf unsere Kosten, und deshalb ist es nun genug. Wir fangen jetzt endlich damit an, erst einmal bei uns selbst zu gucken und dann bei den anderen.

Ich sehe förmlich den erschrockenen Ausdruck in Ihrem Gesicht. Zuerst einmal bei mir gucken?! Weiß ich denn noch, wie das geht?! Und selbst wenn ich es könnte, würde ich es überhaupt wollen?! Passt das vielleicht nicht zu Ihrem weiblichen Selbstverständnis? Selbst-los sei die Frau! Aber seien Sie unbesorgt, Sie werden noch lange nicht zu einer egoistischen Zimtziege, nur wenn

Sie damit anfangen, zumindest ein wenig auf Ihre eigenen Bedürfnisse zu achten. Eine Bekannte von mir findet zwar, dass Frauen ohne Kinder (geschweige denn ohne Mann) schrecklich egoistisch werden. Da sie selbst ein Leben für, durch, im Dienste von Mann und Kindern gewählt hat, muss sie das wahrscheinlich so sehen. Und wenn sie damit glücklich ist, gönne ich es ihr und ihrer Familie herzlich. Aber nicht jede Frau ist damit glücklich. Und wenn Sie zu der nicht so glücklichen Sorte gehören, ist es legitim, andere Wege zu suchen und zu gehen. Von der total Selbst-losen zur Egomanin ist ein weiter Weg, und es liegen eine ganze Reihe schöner Zwischenschritte in der Mitte.

Die Konstanzer Psychotherapeutin Maria Theresia Jung hat in ihrer Praxis die Erfahrung mit Frauen gemacht, dass

> [v]or lauter ‚Was braucht mein Gegenüber?' […] ‚Was will ich und wie setze ich es durch?' auf der Strecke [bleibt]. […] Die weibliche Seelenarbeit hat daher sehr viel mit Autonomie-Suche zu tun, mit dem Loslassen symbiotischer Beziehungsstrukturen. Mit der Erlaubnis […] die eigenen Bedürfnisse direkt wahrzunehmen und zu artikulieren, auch gegen Widerstand den Eigen-Sinn zu behaupten […].

Die Therapeutin macht auch deutlich, wie sehr uns das Selbstlose anerzogen worden ist: „Frauen lernen schon als kleine Mädchen, emotional nah und einfühlsam zu sein, fürsorglich und auf die Bedürfnisse anderer bezogen zu sein.“ Das ist nicht gerade hilfreich bei der Suche nach dem eigenen Ich; ebensowenig wie unser uns ebenfalls anerzogenes mangelndes Selbstbewusstsein. Ein Forschungsteam des Jugendexperten Professor Klaus

Hurrelmann hat schon bei Mädchen ein viel geringeres Selbstbewusstsein als bei Jungen beobachtet: Während 44 Prozent der Mädchen sich manchmal „ganz unwichtig“ vorkommen, tun das nur 27 Prozent der Jungen. Er hat auch festgestellt, dass Mädchen immer noch zu sehr dazu angehalten werden, zurückhaltend zu sein und Wut nicht zu zeigen. Er macht falsche Rollenbilder in der Jugend dafür verantwortlich, dass viele Frauen ihr ganzes Leben darunter leiden.

Eine ähnliche Beobachtung machte ein junger Musikstudent und analysierte: „Sekretärinnen sind Frauen, Staatssekretäre sind Männer. Und der Jazz ist und bleibt eine Männerdomäne, solange die Mädchen angehalten werden, nur Flöte zu hauchen oder Geige zu streichen, anstatt wie die Jungs auf die Pauke zu hauen und die Posaune zu blasen.“ So witzig das klingt, so weitreichend und ernsthaft sind die Folgen dieser Art Erziehung. Eine Studie der Universität Notre Dame in den USA bestätigt das größere Selbstbewusstsein von Jungen und weist darauf hin, dass der Glaube an die eigene Kompetenz und Fähigkeit motivierend ist. Dazu passt eine Untersuchung des Kultusministeriums von Michigan, USA, nach der jedes zweite Mädchen lieber ein Junge wäre, aber nur jeder 15. Junge lieber ein Mädchen! Nicht überraschend ist vor diesem Gesamthintergrund die Selbsteinschätzung erwachsener Frauen, die von der Universität Edinburgh befragt wurden: Während schottische Frauen ihren IQ im Schnitt bei 120 einstuften, stuften sich die Männer bei 127 ein. Bedauerlicherweise hat die Studie nicht versucht herauszufinden, wo der tatsächliche IQ der Frauen und Männer liegt. Aber wenn ich an die vielen Menschen beiderlei Geschlechts denke, die ich so in meinem Leben gekannt habe, dann habe ich wahrlich nicht den Eindruck bekommen, Frauen wären weniger intelligent als Männer.

Interessant im Zusammenhang mit Selbstwertgefühl ist auch die Untersuchung US-amerikanischer WissenschaftlerInnen, die der Frage nachgegangen sind, warum Menschen lügen. Männer tun es vorwiegend, um sich selbst in ein gutes Licht zu stellen; Frauen, um dem Gesprächspartner Honig um den Mund zu schmieren. Beide sind also gleichermaßen darauf bedacht, sich selbst dem Gegenüber positiv darzustellen. Aber ihr Weg dahin ist ein gänzlich anderer: Der Mann ist bei sich, die Frau beim Anderen.

Einen verwandten Aspekt beleuchtet eine Untersuchung der Konstanzer Linguistin Helga Kotthoff. Obwohl Männer zu 90 Prozent Witze machen, die auf Kosten von Frauen gehen, lachen Frauen meistens mit. Die Ursache dafür, dass Frauen über die „herabwürdigenden, sexbezogenen und egozentrischen" Witze von Männern lachen, dürfte einerseits wiederum mangelndes Selbstbewusstsein sein, andererseits aber auch mangelndes Bewusstsein über derartige Zusammenhänge. Allerdings lässt hoffen, dass die Frauen endlich soweit sind, zurückzuschlagen: Männerwitze seien im Kommen, berichten die ForscherInnen. Das kann ich aus meiner eigenen Erfahrung nur bestätigen. Als ich jung war, hat es Männerwitze überhaupt nicht gegeben; heute kenne ich eine ganze Reihe davon. Darf ich Ihnen eine Kostprobe anbieten? Sitzt eine kleine graue Zelle ganz allein in einem männlichen Gehirn; kommt eine zweite kleine graue Zelle vorbei und sagt zu der ersten: „Warum sitzt du denn hier oben ganz allein? Komm' doch mit, wir sitzen alle unten!"

Aber zurück zu ernsteren Dingen. Die Absicht, die ich damit verfolge, Ihnen all das zu berichten, ist, Sie dazu zu ermutigen, weniger an sich zu zweifeln; weniger selbstlos zu sein; weniger bescheiden; weniger auf andere Menschen bezogen; weniger ängstlich darauf zu achten, was andere Menschen von Ihnen erwarten, von Ihnen halten, von Ihnen denken könnten. Hören Sie bitte damit auf, über Witze zu lachen, die auf Kosten Ihres eigenen Geschlechtes gemacht werden. Hören Sie auf, Ihren Gesprächspartnern Honig um den Mund zu schmieren. Bleiben Sie bei sich; bleiben Sie sich selbst treu, und dann (um mit Shakespeare zu sprechen) können Sie auch nicht falsch sein gegen irgendwen – am wenigsten gegen sich selbst.

Es ist wohl an der Zeit ein paar Worte zu der seit vielleicht einem Jahrzehnt verstärkt in der Öffentlichkeit stattfindenden Diskussion zu sagen, die den sich verbreitenden Egoismus im Lande für alles Mögliche verantwortlich macht. Es läuft in der deutschen Presse, was sich mit Fug und Recht eine Kampagne gegen das grassierende Single-Dasein nennen ließe. Zum zweiten Mal erwähne ich den *Spiegel*-Artikel aus dem Jahre 1991, weil der Reporter dankenswerterweise auf zehn ausführlichen Seiten die Meinungen der verschiedensten ExpertInnen zusammengetragen und die Stimmungslage zusammengefasst hat. Da wird „die Zerbröselung der Gesellschaft" heraufbeschworen, womit „der Zerfall großer Gruppen in lauter Einzelwesen" gemeint ist; da sieht man Strukturen sich entwickeln, „die ‚Gemeinschaften' für die persönliche Lebensführung und -gestaltung entbehrlich erscheinen lassen;" da sieht man infolgedessen gar eine „autistische Gesellschaft" entstehen; da wird festgehalten, dass die Allensbacher schon 1986 eine „eindeutige Tendenz zu einem immer stärkeren Selbstbezug der Menschen (um nicht Egoismus zu sagen)" bemerkt haben.

Diese ganze Entwicklung wird als „dramatisch" bezeichnet. Auch die Hauptschuldigen werden ausgemacht: „An der Spitze des Problems befinden sich nach allem Anschein die Partnerinnen". Da der *Spiegel* das große I noch nicht entdeckt hat, sind eindeutig und ausschließlich Frauen gemeint. Aber – glücklicherweise – sei es „mit dem lustigen Single-Leben" ja gar nicht so weit her, wie immer behauptet werde. Tatsächlich gäbe es unter den Singles manch einen „mit einer selbstgefertigten Single-Philosophie, weil das Solistenleben dann leichter zu tragen" sei. Diese Pfeifen-im-Walde-Philosophie hat die Zeit überdauert. Im Jahr 2004 schreibt die Journalistin Melanie Suchy in der *Rheinischen Post*:

> Freiwillig und gerne ist kaum jemand Single. Komischerweise ist in unserer Zeit des heiligen Individualismus so ein ungepaarter Mensch nicht der glücklich Freie, sondern jemand, dem etwas fehlt, auch wenn er viel Verwandtschaft hat, gute Freunde, nette Kollegen, eine flauschige WG, ein treues Tier, ein Dach überm Kopf, einen Sinn im Leben.

Es dürfte vielleicht auch der ausführliche Artikel im *Spiegel* aus dem Jahre 1991 gewesen sein, der Dorothee Schmitz-Köster dazu veranlasst hat, ihre eigenen Untersuchungen anzustellen und zwei Jahre später in einem Buch und in der *Frankfurter Rundschau* öffentlich zu machen. Der Untertitel ihres Artikels lautet denn auch treffend: „Singles beunruhigen die Gesellschaft". Sie zeichnet noch einmal die Argumente der Gegner des Single-Lebens nach. Insbesondere befasst sie sich mit weiblichen Singles, die nach ihrer Beobachtung mit besonders missionarischem Eifer versucht werden, zur Umkehr zu bewegen, also weg vom Single- hin zum Familienleben. Da Frauen „schließlich beziehungs- und gefühlsorientiert" seien, glaubten die Eiferer, leichtes Spiel mit ihnen zu haben. Jedoch findet die Autorin in ihrer eigenen Recherche vor allem weibliche Singles, die mit ihrer Situation zufrieden sind, weil es „keine ständige Rücksichtnahme, keine ewige Abstimmung von Interessen und Bedürfnissen, keine Alltags-Nerverei“ gäbe.

Tatsächlich hat die Anzahl der sogenannten Einpersonenhaushalte in Deutschland rapide zugenommen. Im Jahre 1950 waren es in Westdeutschland 19,4 Prozent aller Haushalte, im Jahre 1975 schon 27,6 Prozent und 1999 in Gesamtdeutschland 35,7 Prozent. Es lebt also zurzeit in etwa eine von drei Personen in einem Haushalt allein. Wenn die Statistik Kinder und Jugendliche herausnähme, wären es bei den Erwachsenen noch mehr.

Der Erzbischof von Köln, um ein prominentes Beispiel zu nennen, war in einem Vortrag im Jahre 2003 besorgt über einen „hemmungslosen, grenzenlosen Individualismus [...], bei dem der Einzelne so lebe, als sei er seiner Familie, seinem Land, seiner Gesellschaft, seiner Kirche nichts mehr schuldig.“ Fast zeitgleich veröffentlicht ein anderer prominenter Katholik, Kardinal Lehmann, in den Worten eines Kritikers „ein unbequemes, wahrscheinlich gar unpopuläres Buch“. Unbequem und unpopulär sei es deshalb, „[w]eil es dem Selbstverständnis der heutigen Gesellschaft einiges zumutet; und im Kern dieses: Unsere Freiheit ist nicht grenzenlos.“

Solcher Art Freiheit und Individualismus würde ich selbstverständlich niemals das Wort reden. Aber davon spreche ich auch gar nicht. Zwischen „grenzenloser Freiheit“ beruhend auf einem „hemmungslosen Individualismus“ und einem gesunden Auf-sich-selbst-achten besteht ein Riesenunterschied. Ebenso wie der *Spiegel* benutzt der Erzbischof die männlichen grammatischen Formen nach wie vor, um Frauen mitzumeinen. Das heißt, wir können wohl mit Fug und Recht davon ausgehen, dass er Männer und Frauen meint, wenn er grammatisch männliche Formen verwendet. Die Egoisten sind also beiderlei Geschlechts. Wenn der Erzbischof ganz ehrlich wäre, so würde ich vermuten, dass er sich dem *Spiegel* anschließen würde, der den Mut hat, die Partner*innen* ausdrücklich zu benennen. *Wir* sind es, die den Vorstellungen von Geschlechterrollen, die nicht nur die Kirchen vertreten, den Gehorsam aufkündigen. *Wir* sind es, die mit unserem Gebärstreik die gesamte Gesellschaft in Schwierigkeiten bringen.

Was denn für ein Gebärstreik? Ein komplettes Drittel deutscher Frauen ist bereits ohne Kinder! Wenn das kein Gebärstreik ist, dann weiß ich es nicht. Interessanterweise haben die männlichen Meinungsführer in unserer Gesellschaft noch nicht begriffen, weshalb die jungen Frauen sich weigern, Mütter zu werden. Überall begegnen wir der Auffassung, dass junge Leute im allgemeinen, junge Frauen im besonderen zu egoistisch geworden seien, um zu finanziellem Verzicht bereit zu sein. Ich persönlich glaube nicht, dass das der Grund ist, zumindest nicht der wesentliche. Eine Frau aus den Neuen Bundesländern, wo es bekanntermaßen eine hohe Geburtenrate gab, als es noch die DDR war, sagte im Jahre 2004 der *Emma* unmissverständlich: „Hochachtung für die Frauen, die trotzdem Kinder bekommen. Ich hätte wahrscheinlich kein Kind bekommen, wenn das bedeutet hätte, nicht mehr arbeiten zu können." Da genau liegt die Crux. Die jungen Frauen wollen heute Berufstätigkeit mit Familienarbeit verbinden, und wenn das nicht geht, dann bleibt ein zunehmender Teil von ihnen eben nicht mehr brav zu Hause, sondern verweigert das Gebären. Wenn die ‚neuen Männer' weiterhin nur eine theoretische Spezies bleiben, dann werden es noch mehr werden, darauf wäre ich gewillt zu wetten.

Sie und ich wir sind nicht mehr in dem Alter, in dem wir über Kinder bekommen oder nicht bekommen zu entscheiden haben. Aber wir haben sehr wohl darüber zu entscheiden, wie wir das letzte Drittel unseres Lebens gestalten wollen. Wir sind diejenigen in dieser Gesellschaft, die die Hauptlast an Versorgungsarbeit für andere Menschen getragen haben und tragen. Wir haben uns um Kinder gekümmert, die sich nicht hätten selbst kümmern können; um alte und kranke Menschen, die unserer Hilfe bedurften; um NachbarInnen und FreundInnen und KollegInnen, denen unsere Zuwendung gut getan hat; und um erwachsene Männer, die das alles selbst hätten machen können und sollen.

Wir wollen das alles keineswegs komplett einstellen. Es ist nicht unsere Absicht, die Welt kalt und ungemütlich zu machen. Erzbischof, Kardinal und Journalist können beruhigt sein. Aber die heutigen jungen Frauen verlangen zurecht mehr Einsatz von den jungen Männern im gemeinsamen Bemühen um eine bessere Welt. Wir Frauen in der Lebensmitte hingegen versprechen auch weiterhin allen Menschen, die unserer Hilfe bedürfen, diese zu geben. Aber wir werden nicht länger einen Großteil unserer großen Energie und Arbeitskraft für Menschen aufbrauchen, die sich aus (verständlicher) Bequemlichkeit von uns den Allerwertesten nachtragen lassen. Wir wissen, dass dazu zwei gehören – einen, der tragen lässt, und eine, die trägt. (Um ehrlich zu sein, ich kann noch nicht einmal garantieren, dass ich Nein gesagt hätte, wenn sich je jemand erboten hätte, mir meinen nachzutragen. Nur ist es mir in 40 Jahren noch nie angetragen worden. Allerdings habe ich den Verdacht, dass es mich vor allem genervt hätte.)

Das, was wir in dieser Gesellschaft unter Liebe verstehen, sieht häufig ganz anders aus, je nachdem ob eine Frau oder ein Mann zu lieben behauptet. Wir Frauen haben um vermeintlicher Liebe Willen erbarmungswürdige Dinge getan. Das sehen traditionelle Herren – nicht nur in den Reihen der Kirchen – sicherlich anders. Aber wir sind jetzt – endlich – in einem Alter, in dem wir klar sehen. Wir sind jetzt endlich aus dem Alter heraus, uns um der Liebe willen ausnutzen zu lassen. Jetzt werden wir unsere eigene Stärke vermehrt für uns selbst einsetzen. Jetzt suchen wir uns selbst. Es wird nicht leicht sein nach all den Jahren, uns zu finden.

Meine Schwester hat vor Jahren einmal unsere Mutter gefragt, was sie denn in ihrem Leben hätte machen wollen. „Ich?!“, hat sie geantwortet, „das weiß ich nicht. Ich habe nie darüber nachgedacht.“ Damit dürfte sie nicht alleinstehen, schon gar nicht in ihrer Generation. Ich möchte Sie dazu auffordern, sich sehr genau zu überlegen, was Sie mit Ihrem Leben machen wollen. Vielleicht hilft, was die Schauspielerin Hannelore Hoger, eine Frau über 60, im Zusammenhang mit der von ihr verkörperten Kommissarin Bella Block der *Emma* gesagt hat. Frau Hogers Worte beschreiben auf wunderbare Weise, wozu ich Sie ermutigen möchte zu suchen und was meines Erachtens am Ende Ihrer Suche stehen sollte: „Nichts ist schlagender, als wenn eine Frau sich hinsetzt und sagt: Das bin ich, und mehr ist nicht.“ Wow!

Probleme mit dem Alleinsein

Ich kann, deshalb bin ich.
Simone Weil

Natürlich bringt das ungewohnte Alleinleben auch Situationen mit sich, die schwierig weil ungewohnt sind. Aber die lassen sich meistern. Ein fester Bestandteil Ihres Lebens allein wird sein, als einzelne Person an öffentlichen Orten zu erscheinen. Das bereitet vielen Frauen Unbehagen. Je nach Ihrer Interessenlage werden Sie allein ins Kino, Theater, Opernhaus, Kneipe, Restaurant, Sportstätten und auf private Feiern aller Art gehen wollen.

Was ist der Grund dafür, dass Sie sich in der Öffentlichkeit allein unwohl fühlen? Ich muss Sie erneut bitten, mit mir nachzudenken. Ist es denn wirklich die Tatsache, dass Sie allein sind? Ich vermute eher, dass es mit den Menschen an demselben Ort zu tun hat und dem, was Sie ihnen unterstellen zu denken. Mal ehrlich, Sie unterstellen denen, die würden Sie angucken und denken: Die ist hier nur allein, weil sie keinen abgekriegt hat! – Für wie realistisch halten Sie diese Unterstellung?! Denken Sie selbst so etwas ständig von anderen Frauen? Das glaube ich nicht. Schließlich sind Sie doch – ebenso wie die anderen Menschen um Sie herum – vor allem mit anderen Dingen befasst, deshalb sind Sie ja gekommen. Außerdem sind die wenigsten Menschen per se bösartig. Eine ganz ähnliche Überzeugung las ich im Zusammenhang mit Prüfungsangst. Da bat ein Pädagoge der Universität Essen die Studenten doch zu bedenken, dass der Dozent nicht ihr Feind sei. „Es kann helfen, sich vorzustellen, dass die meisten

Prüfer Besseres in ihrem Leben zu tun haben, als grundlos die Arbeit von ‚Lieschen Müller' zu verreißen." Ebenso dürfen wir wohl davon ausgehen, dass die meisten anderen Menschen an öffentlichen Orten Besseres zu tun haben, als sich über Sie zu mokieren.

Tatsächlich wären andere Menschen sehr beschäftigt, wollten sie sich ständig Gedanken machen über die vielen allein gekommenen Frauen an kulturellen öffentlichen Orten. Denn an all diesen Orten sind Frauen in einer überwältigenden Mehrheit – und das doch wohl nicht, weil sie alle keinen ‚abgekriegt' haben, sondern vielleicht weil selbst diejenigen, die mit Männern zusammen sind, diese eher selten dazu bewegen können, sie in Theater und Opernhäuser zu begleiten. Überlegen Sie mal: Es könnten so gut wie alle kulturellen Einrichtungen ihren Laden schließen, wenn wir nicht kämen! (Ebenso wie Fußballstadien zumachen könnten, wenn Männer nicht kämen.) Diese Tatsache sollte Sie eigentlich mit einer gehörigen Portion Selbstbewusstsein erfüllen. Der ganze Kulturbetrieb mit seinen Millionen-Etats ist – ohne Übertreibung – davon abhängig, dass wir kommen!

Eine Freundin von mir, Ende 30, denkt übrigens, wenn sie eine Frau z. B. allein in einem Restaurant sitzen sieht: „Toll! Toll, dass die sich das traut. Den Mut hätte ich auch gern!" Also, lassen Sie sich alle diese Überlegungen durch den Kopf gehen; wappnen Sie sich mit diesen Gedanken, bevor Sie ausgehen. Üben Sie das Alleineausgehen – denn es lässt sich üben wie fast alles im Leben. Vielleicht brauchen Sie zu Anfang eine Freundin neben sich. Gut, dann sprechen Sie andere Frauen aus Ihrem Bekanntenkreis darauf an. So interessiert wie Frauen an allem sind, werden Sie sicherlich eine Begleiterin finden. Und wenn Sie erst ein paar Mal zu zweit ohne männliche Begleitung ausgegangen sind, werden Sie es sicherlich auch bald allein schaffen.

Für mich selbst war die alleinige Teilnahme an kulturellen Veranstaltungen nichts Neues, als ich im mittleren Alter alleinblieb. Mein ganzes Erwachsenenleben hindurch war ich meistens allein ausgegangen, weil die Männer meines Lebens sich gar nicht oder weniger oder anders für Kultur interessierten. Das hilft natürlich auch bei privaten Veranstaltungen. Vor nicht langer Zeit war ich z. B. auf einer wunderschönen Hochzeit eingeladen. Die Feierlichkeiten begannen am Freitagabend und dauerten den ganzen Samstag. Nur ein einziges Mal während dieser langen Stunden kam der Gedanke in mir auf, dass es schön gewesen wäre, einen Partner mit dabei zu haben. Das war, als zu mitternächtlicher Stunde eine Band zum Tanz aufspielte. Mein Bedauern währte Sekunden: Keiner meiner diversen Verflossenen hätte tanzen wollen! Der überwältigenden Mehrzahl der Frauen, die ich kenne, wäre es genauso gegangen.

Es hilft bei Ihren Unternehmungen allein, wenn Sie grundsätzlich Ihr Selbstbewusstsein stärken. Da kann ich Ihnen folgende praktische Übung sehr empfehlen: Gehen Sie für ein paar Monate, wenn Sie durch die Straßen Ihrer Stadt gehen, schnurstracks geradeaus. Weichen Sie niemandem aus, der Ihnen entgegenkommt. Viele Männer machen das auch so und erwarten, dass Frauen schon beiseite springen werden, womit sie fast immer Recht behalten. Ich weiß aus eigener Erfahrung, dass es eine ziemliche Überwindung kostet. Einmal wäre ich um Haaresbreite mit einem Mann zusammengestoßen, der offensichtlich bis zum Schluss nicht glauben konnte, dass ich nicht weichen würde. Es ist eine harte Schule, aber eine gute. Alternativ könnten Sie üben, sich auf Sitzbänken in Bussen und Straßenbahnen so breit zu machen, wie viele Männer das tun.

Selbstverständlich gibt es auch zahlreiche rücksichtsvolle Männer, jedoch habe ich noch nie eine Frau ohne Tüten in einer Bahn zwei Plätze einnehmen sehen.

Die langjährige Übung im Alleinausgehen half mir natürlich enorm, als ich nun im mittleren Alter alleingeblieben war. Das einzige, was in meiner Sammlung noch fehlte, war der alleinige Restaurantbesuch. Komischerweise nur der in meiner Heimatstadt, denn wenn ich beruflich oder privat unterwegs war, ging ich ganz selbstverständlich in den mir fremden Städten in mir fremde gastliche Häuser, ohne mich dabei unwohl zu fühlen. Wo und mit wem hätte ich denn essen sollen?! Dieser Unterschied belegt, dass sich das ganze vermeintliche Problem ausschließlich in unserem Kopf abspielt. In unserem – nicht in dem der anderen, in die wir das hineinprojizieren. Es hat also sehr viel damit zu tun, wie wir selbst die Situation einschätzen. Da niemand außer mir selbst wissen konnte, ob ich an dem betreffenden Ort lebte oder nur zu Besuch war, spielte sich das Problem offensichtlich ausschließlich in meinem Kopf ab. Erinnern Sie sich selbst immer wieder daran, sobald Sie merken, dass Sie anderen Menschen alle möglichen Gedanken unterstellen.

Ich fing also bewusst zu Hause an, allein in ein Restaurant zu gehen. Ich fand es leichter, je schlichter das Restaurant war und fing daher ‚unten' an. Sehr hilfreich ist auch, sich ein Stammlokal auszusuchen. Wenn das Personal und eventuell auch die anderen Gäste Sie erst einmal kennen, fühlen Sie sich sehr viel besser. Warum das so ist? Wir sind wieder beim Kopf: Wenn die anderen Sie erst kennen, hören Sie auf, denen abwertende Gedanken über sich selbst zu unterstellen.

Mein Meister(innen)stück machte ich anlässlich einer Konferenz in Chicago. Die Konferenz ging am letzten Tag um 16:00 Uhr zu Ende, sodass die vorwiegend nordamerikanischen TeilnehmerInnen noch am selben Tag nach Hause flogen. Da es für mich aber erst einen Flug am nächsten Morgen gab, blieb ich allein in Chicago zurück. Was sollte ich mit dem Abend anfangen? Ich beschloss, den schon lange anstehenden alleinigen Besuch eines Spitzenrestaurants in Angriff zu nehmen. An der Rezeption ließ ich mir ein solches empfehlen und bestellte mir telefonisch einen Tisch. Schon die höfliche Nachfrage der jungen Dame nach der Personenzahl meiner „Gesellschaft", ließ mein Herz flackern. Abends zog ich mich so gut an, wie meine Reisegarderobe es erlaubte. Zwischenbemerkung: Es ist ungeheuer wichtig, dass Sie sich gut und passend angezogen fühlen. Das gilt natürlich nicht nur für einen Besuch im Restaurant, sondern für jeden öffentlichen Auftritt. Die richtige Garderobe – also eine, in der Sie sich wohlfühlen, in der Sie sich vorteilhaft angezogen wissen und die Sie für den Anlass für angemessen halten – ist für Ihr Selbstbewusstsein gerade auch in Situationen, die Sie als heikel betrachten, von großer Wichtigkeit.

Meine Mutter würde an dieser Stelle ungläubig auflachen. Ausgerechnet ihre Tochter rät anderen Frauen, sich gut anzuziehen?! Sie müssen wissen, dass ich für meine schlampige Garderobe berüchtigt bin. Dennoch rate ich Ihnen bei öffentlichen Auftritten, die Sie mit Unbehagen erfüllen, sich herauszuputzen. Zunächst müssen Sie das notwendige Selbstbewusstsein errungen haben, dessen es bedarf, um auf die Meinung anderer weitgehend zu pfeifen. Erst, wenn es Ihnen ziemlich gleichgültig geworden ist, was die Leute von Ihnen denken, erst dann können Sie herzlich gerne damit beginnen, ungewaschen, ungeschminkt und fern der Heimat der Öffentlichkeit entgegenzutreten.

Nach Chicago zurückkehrend, fuhr ich also gut angezogen vor dem Restaurant mit dem Taxi vor, ja, mit dem

Taxi, das macht einen ganz anderen Eindruck, als zu Fuß zu kommen. Sie merken schon, Sie müssen Ihren Auftritt gestalten. In jeder Beziehung. Sollten Sie zu einer schlechten Körperhaltung neigen (wie ich), richten Sie sich immer wieder zu Ihrer vollen Länge auf – auch das hilft. Konzentrieren Sie sich nicht nur darauf, niemandem freiwillig den Weg freizumachen, sondern auch mit aller Macht darauf, das leicht dümmliche, entschuldigende weibliche Lächeln zu unterbinden, das wir uns besonders in schwierigen Situationen seit unserer Kindheit angewöhnt haben. Haben Sie keine Angst, arrogant zu wirken; in dieser Situation ist das wesentlich besser als einfältig, überfordert oder schüchtern zu wirken. Spielen Sie nicht die Schönheit vom Lande (wenn Sie es sind, übertünchen Sie es). Tun Sie so, als sei es Ihr tägliches Brot, allein in der großen Welt zu verkehren. Sobald es Ihnen wirklich kein Problem mehr ist, können Sie selbstverständlich mit der Inszenierung aufhören. Bis dahin aber ist es ratsam, Ihren Auftritt zu gestalten.

Ich hatte übrigens einen wunderschönen Abend und fand die Wahrheit einer Behauptung heraus, die eine Teilnehmerin an einer anderen Konferenz aufgestellt hatte. Sie hatte erzählt, dass sie regelmäßig ohne ihren Ehemann in ein gutes, teures Lokal ginge. Zum einen, hatte sie gesagt, hätten sie nicht das Geld, immer zu zweit zu gehen; zum anderen ließe sich das Essen viel mehr genießen, wenn frau sich dabei nicht durch eine Unterhaltung ablenken ließe. Tatsächlich genoss ich Speis und Trank an jenem Abend in Chicago wie selten zuvor; und das nicht nur, weil ich mich tatsächlich ganz auf die Köstlichkeiten konzentrieren konnte, sondern sicherlich auch, weil das Wissen, mir auch diesen Teil der Welt erobert zu haben, mich mit einem großen Glücksgefühl erfüllte.

Apropos erobern. Es ist eine oft zu beobachtende Tatsache, dass wir als Frau in einem Restaurant (und nicht nur dort) schlechter behandelt werden als ein Mann. Aber wir müssen lernen, das nicht hinzunehmen. Ich weiß, das ist sehr schwierig für uns. Schließlich ist es uns – im Gegensatz zu den Männern – nicht anerzogen worden, uns durchzusetzen. Ganz im Gegenteil, es wurde uns als weibliche Tugend verkauft, uns zurückzunehmen und anderen Menschen den Vortritt zu lassen – älteren Menschen, höhergestellten Menschen, Männern. Aber inzwischen sind wir alt genug, diese Mechanismen als Folgen unserer Erziehung zu erkennen und dagegen anzugehen.

In irgendeinem Flughafenrestaurant setzte mich einst die Einweiserin zwar äußerst höflich, aber doch eindeutig an den schlechtesten Tisch im Lokal, obwohl sehr viel schönere Tische noch frei waren. In meinem unmittelbaren Blickfeld lagen sowohl die beiden Toilettentüren als auch diejenige zur Küche. Ich wäre nicht in der Lage gewesen zu entscheiden, welche der drei Türen die unangenehmeren Folgen für mich hatte. Ich ärgerte mich durch meine ganze Mahlzeit hindurch – erst über die Einweiserin, dann über mich – und beschloss schließlich, das nicht noch einmal mit mir machen zu lassen.

Auch das ist leichter gesagt als getan. Aber bedenken Sie, dass Frauen, die es sich leisten können und den Mut dazu haben, allein in einem Restaurant zu speisen, zunehmen. Es ist normaler geworden, eine Frau allein an einem Tisch sitzen zu sehen. Daraus folgt nach meiner Beobachtung aber eben leider nicht, dass wir auch automatisch besser behandelt werden. Das müssen wir uns – auch das müssen wir uns selbst erkämpfen. Jede einzelne von uns im gemeinsamen Interesse. Erst dann wird es irgendwann einmal selbstverständlich sein, uns nicht mehr routinemäßig zu benachteiligen.

Als ich wenig später nach der soeben beschriebenen Situation in dem Flughafenrestaurant in einem anderen Lokal in die gleiche Situation geriet, kostete es mich meine ganze Kraft, mich zu wehren. Es wäre gelogen zu behaupten, dass ich gleich bei meinem ersten Versuch erfolgreich gewesen wäre. Aber inzwischen kann ich es recht gut. Auch das lässt sich üben, und ich möchte Sie sehr dazu ermuntern. Ihr Geld ist genauso viel wert wie das Geld eines Mannes, und es gibt daher keinen sachlichen Grund, weshalb Sie nicht auf einem schönen Tisch bestehen sollten. Zu aller Not – und wenn Sie sich trauen – drohen Sie, das Lokal zu wechseln.

Die Freundin einer Freundin hat folgenden Tipp parat: Bevor Sie ein Restaurant oder eine Bank oder ein Theater betreten, straffen Sie Ihre Schultern und sagen Sie zu sich selbst: „Sei bedeutsam!“ Ihr Auftreten wird danach ganz anders sein. Eine Freundin von mir hat sich ihre eigene Verhaltensweise beim Betreten eines Restaurants erarbeitet, wie sie erzählt. Sie betritt festen Schrittes das Lokal, lässt ihren Blick mit hochmütigem Gesichtsausdruck über die Tische schweifen und macht auf diese Weise von Anfang an deutlich, dass sie gedenkt, sich ihren Tisch selbst auszusuchen. Sie schwört, dass es funktioniert.

Ich möchte noch auf andere Teile des Lebens zu sprechen kommen, die wir uns dringend erobern müssen: die Sonntage und die Nächte. Beides birgt erhebliche Probleme, aber ganz unterschiedlicher Natur. Es hat mal einen Film gegeben, der hieß „Sunday, Bloody Sunday“, zu deutsch: Sonntag, Scheißsonntag. Der Film war ein englischer Film, und deshalb ging es auch darum, dass traditionell in England alle Orte öffentlicher Vergnügungen an Sonntagen geschlossen haben.

Aber das ist nicht das Problem, das Alleinlebende in

Deutschland mit den Sonntagen haben. Das kulturelle Angebot ist bei uns an Sonntagen so groß wie an anderen Tagen. Nur haben wir an diesem Tag die viel größeren Schwierigkeiten, es auch fröhlich anzunehmen. Das emotionale Problem beginnt schon in der Frühe, wenn das Leben auf der Straße vor unserem Haus so sichtbar und hörbar stillsteht. In dieser Stille schlägt unser Alleinsein in Einsamkeit um.

Zunächst einmal ist es wichtig, sich darüber klar zu werden, dass es – zumindest zu Beginn – fast allen Menschen so geht; das heißt, Sie sind nicht die Ausnahme, sondern die Regel. Aber auch hier lässt sich lernen, zu einem positiven Umgang mit dem Sonntag zu gelangen. Zu Beginn ist es sicherlich richtig, sich dazu aufzuraffen, etwas zu unternehmen, unter Leute zu gehen. Schon um 11:00 Uhr werden in vielen Orten Matineen angeboten, sei es im Kino oder den örtlichen Kulturinstituten. Oder Sie verabreden sich mit Ihren Freundinnen oder Freunden zum Frühstück. Nachmittags könnten Sie sich einer Wandergruppe anschließen; abends könnten Sie ins Kino oder ein Konzert gehen. Packen Sie sich den Sonntag zunächst einmal ruhig voll; zuviel scheint mir hier besser zu sein als zu wenig.

Ich weiß, das widerspricht dem häufig gehörten Rat, in einer schwierigen Lebenssituation müsse der Mensch erst einmal in der Ruhe zu sich selbst finden. Das ist zwar im Prinzip sicherlich richtig, aber nicht in der Reihenfolge. Ich glaube nicht, dass es viele Menschen gibt, die nach einer schwierigen, oftmals schmerzhaften Veränderung ihres Lebens als erstes zur Ruhe und zu sich selbst finden können. Zunächst einmal geht es darum, wieder auf die eigenen Füße zu kommen und dabei sind Unternehmungen aller Art äußerst hilfreich. Dann, mit der Zeit werden Sie Ihre aushäusigen Unternehmungen reduzieren können. Erst werden Sie nur einen halben Tag zu Hause bleiben oder nur den Abend. Schritt für Schritt, je mehr Sie zu sich selbst finden, desto mehr werden Sie allein mit sich etwas anfangen können. Sie werden auch bemerken, dass die Einsamkeit wiederum mehr ein Problem des Kopfes ist als ein tatsächliches. Vielleicht lesen Sie gern und haben das lange vernachlässigt; oder Sie stricken, sticken oder nähen gern, kümmern sich um Ihre Pflanzen, Photoalben, die Garderobe, Vokabeln oder Ähnliches. Auch die Musik wird vielen schöne Stunden bereiten.

Sehr empfehlen kann ich Ihnen die Abschaffung des Fernsehgerätes, allerdings erst zu einem Zeitpunkt, an dem Sie mit dem Alleinsein gut zurechtkommen. Ich bin jetzt seit ungefähr 15 Jahren ohne Gerät, und das hat mein Leben ungeheuer bereichert. Ich habe es damals nicht etwa bewusst abgeschafft; es hat sich so ergeben. Ich ging aus einer Beziehung heraus und ließ den größten Teil der gemeinsamen Möbel zurück, den Fernsehapparat eingeschlossen. Ich hatte natürlich vor, mir einen neuen zu kaufen. Aber die ersten zwei Monate in meinem neuen Leben kam ich nicht dazu. Danach hätte ich die Zeit gehabt, aber ich hatte in den zwei Monaten so gute Erfahrungen ohne Fernsehen gemacht, dass ich beschloss, es dabei zu belassen. Der Mensch hat so viel mehr Zeit ohne das Gerät! Womit auch immer Sie gerne Ihre freie Zeit verbringen, dem können Sie jetzt ausgiebig frönen. Sowohl zu Hause können Sie sich mehr den Dingen widmen, die Sie gern tun, als auch außer Haus. Sie kommen auch viel mehr unter Menschen.

Natürlich wird mir immer wieder entgegengehalten, dass ich diese oder jene großartige Sendung verpasst habe. Zwar stimmt das, aber die habe ich auch schon verpasst, als ich noch ein Gerät hatte. Was nicht stimmt, ist, dass ich schlecht informiert sei. Ich habe eine Tageszeitung abonniert, und ich höre sehr viel mehr Radio, das übrigens eine Vielzahl interessanter Programme anbietet. Was hingegen vollkommen weggefallen ist, ist das stundenlange nächtliche Klebenbleiben vor irgendeiner dummen Sendung mit anschließendem Ärger über mich selbst, soviel kostbare Zeit nutzlos vergeudet zu haben. Wenn ich im Urlaub auf dem Hotelzimmer fernsehe, bin ich geradezu erschüttert über das Niveau, das sich in den vergangenen 15 Jahren, so scheint mir, erschreckend nach unten bewegt hat, darüber, dass gute Sendungen erst am späten Abend zu laufen scheinen, und dass mir vor lauter Werbeunterbrechungen das Interesse an was auch immer unterwegs abhanden kommt. Noch ein Vorteil ist, dass ich ohne Gerät nicht ständig zu spät ins Bett gehe und daher tagsüber topfit bin.

Aber bitte betrachten Sie meine Erwägungen zum Fernsehen nur als zu überlegenden Vorschlag. Wenn Sie für sich zu anderen Entscheidungen kommen, stehen Sie dazu. Ich rümpfe nicht meine Nase über Menschen, denen das Fernsehen einen positiven Gewinn bereitet. Das ist nicht meine Absicht.

Während die Sonntagsproblematik Frauen und Männer gleichermaßen trifft, ist das Erobern der Nächte ein spezifisch weibliches Problem. Unter keinen Umständen dürfen Sie zulassen, dass Sie sich nach dem Dunkelwerden nicht mehr hinaustrauen. Diese Erde gehört uns genauso gut wie den Männern. Wir dürfen unser Leben nicht von der Tatsache einschränken lassen, dass wir als Frauen potentielle Gewaltopfer sind. Wenn Sie sich die Statistiken ansehen, werden Sie bemerken, dass auch Männer Opfer von Gewalt werden, ohne dass sie deshalb aufhören würden, des nachts hinauszugehen. Auch wir sollten uns nicht von potenzieller Gefahr einengen lassen, sondern stattdessen ein paar Vorsichtsmaßnahmen treffen. Das gilt insbesondere für diejenigen unter uns, die ängstlich sind.

Wenn Sie dazu gehören, besuchen Sie unbedingt einen Selbstverteidigungskursus für Frauen; gehen Sie nachts nicht durch Parks und Nebenstraßen, sondern nehmen Sie die Hauptstraßen; sollte eine Frau denselben Weg haben, sprechen Sie sie an, und gehen Sie gemeinsam; haben Sie Ihr Handy, eine Trillerpfeife oder Reizgas parat; erkundigen Sie sich bei der Polizei, was Sie noch tun können. Ganz wichtig: treten Sie stets selbstbewusst auf, solchen Frauen passiert nachweislich am wenigsten; sehen Sie entgegenkommenden Männern direkt in die Augen, weichen Sie nicht sichtbar verschüchtert aus. Sollten Sie angegriffen werden, schreien Sie so laut Sie können, wehren Sie sich mit allen Kräften. Früher hat es geheißen, wenn Frau sich nicht wehrt, passiere ihr am wenigsten. Das hat bezeichnenderweise eine Polizist*in* schon vor Jahren als völlig falsches Verhalten entlarvt.

Vorteile des Alleinseins

Wenn du auf Nummer sicher gehst, hast du entschieden, dass du dich nicht weiterentwickeln willst.
Shirley Hufstedler

Das Alleinsein birgt nicht nur ungewohnte Probleme, mit denen wir lernen müssen, fertigzuwerden, es hat auch viele Vorteile. Das glauben Sie mir nicht, ich weiß schon; Sie denken, ich mache Ihnen etwas vor. Ihre Skepsis ist angesichts der Propaganda gegen das Single-Dasein durchaus nachvollziehbar. Sie werden sich erinnern, dass die von Dorothee Schmitz-Köster befragten weiblichen Alleinlebenden als positiv den Wegfall von „ständiger Rücksichtnahme, ewiger Abstimmung von Interessen und Bedürfnissen und Alltags-Nerverei" aufzählten. So klein und so nichtig diese Dinge im Einzelnen auch sind, wir alle wissen wie die täglichen kleinen Nervereien sich zu einer großen Unzufriedenheit zusammenballen können.

Im Bereich Haushalt liegt wohl das größte Potenzial für die täglichen Ärgernisse in der Zweisamkeit und daher auch das größte Potenzial an positiver Veränderung für die Alleinlebende. Die Ursache dürfte da zu suchen sein, dass in keinem anderen Bereich die Gleichberechtigung zwischen den Geschlechtern so wenig weit fortgeschritten ist wie hier. Wenngleich ich im allgemeinen viel Verständnis für die ebenfalls festgeschriebenen Rollenmuster der Männer in unserer Gesellschaft habe, hört meine Sympathie hier auf. Jahr um Jahr belegen Studien die Unwilligkeit der Männer, ihren Teil der Hausarbeit zu übernehmen. Das hat sich auch keineswegs geändert, seit Frauen vermehrt Familienarbeit und Erwerbsarbeit unter einen Hut bringen müssen. Die Tatsache, dass der Begriff ‚Doppelbelastung' ausschließlich für Frauen verwendet wird, spricht eine eindeutige Sprache: Von Männern erwartet die Gesellschaft die Übernahme doppelter Aufgaben gar nicht erst.

Schon 1994 erklärte Claudia Pinl in ihrem Buch „Das faule Geschlecht", wie Männer es schaffen, Frauen für sich arbeiten zu lassen. In einer Studie der Universität Mannheim unter der Leitung von Professor Wolfgang Zapf zwei Jahre später heißt es, Frauen seien trotz des Maschinenparks heute nicht weniger, sondern mehr beansprucht als ihre Mütter und Großmütter. 1997 stellt eine Untersuchung im Auftrag der Landesbausparkassen fest, dass bei der „traditionellen Rollenverteilung" immer noch alles beim alten sei, vor allem wenn das erste Kind da ist. Im Jahr 2000 ermittelt die Bochumer Wissenschaftlerin Elke Rohmann, dass Frauen mit der ungerechten Verteilung der Hausarbeit immer noch unzufrieden sind; 2002 übernehmen Männer laut einer Untersuchung der Professorin Uta Meier von der Universität Gießen noch immer nur 18 Prozent der Hausarbeit, und diese 18 Prozent beinhalten sogar noch die Autopflege. Diese Zahlen werden von der Umfrage eines Küchenherstellers bestätigt, nach der 80 Prozent der Familienarbeit von Frauen erledigt wird, egal ob sie berufstätig sind oder nicht. Da ist dann das Ergebnis der Umfrage eines Männer-Magazins ein Jahr später nicht überraschend, nach der sich deutsche Frauen am meisten über Männer ärgern, die sich regelmäßig vor der Hausarbeit drücken.

Es gehört wohl nicht viel Phantasie dazu, den Zusammenhang zwischen der Mehrarbeit der Frauen im Haushalt und ihrem höheren Einreichen von Scheidungen herzustellen. Die SozialpsychologInnen der Universität

Bochum Elke Rohmann und Hans Werner Bierhoff halten fest:

> Das Thema Hausarbeit ist heute ein zentrales Konfliktfeld in Partnerschaften, das zu lange andauernden Unstimmigkeiten in der Beziehung und ihrer Auflösung beitragen kann. Nicht umsonst wird die Mehrzahl der Scheidungen von Frauen initiiert, die der Mehrbelastung und ihrer Unzufriedenheit ein Ende machen wollen.

Die beiden WissenschaftlerInnen haben auch herausgefunden, dass wir an dem Desaster nicht ganz unschuldig sind. Denn wenngleich die Mehrheit der Frauen unzufrieden mit der (Un)Gleichberechtigung im Haushalt ist, so erwarten sie doch nichts anderes. Es fällt mir schwer, es zu glauben, aber viele Frauen sind laut dieser Studie tatsächlich der Meinung, sie sollten mehr im Haushalt leisten als Männer. Dieselbe Befragung belegt, dass Männer ihrerseits der Meinung sind, sie sollten weniger tun als die Frauen. Beide Erwartungen werden aber von der Realität noch übertroffen, und das könnte der Grund dafür sein, dass Frauen mit der theoretisch akzeptierten Ungleichheit dann doch in der täglichen Praxis unzufrieden sind: Frauen leisten nämlich noch mehr im Haushalt, als sie es von sich erwarten, Männer noch weniger.

Interessanterweise bemerken viele Paare das Ungleichgewicht gar nicht. Für eine Untersuchung der Pädagogischen Hochschule in Freiburg wurden Paare befragt, die der Überzeugung sind, die Gleichberechtigung in ihrer Beziehung verwirklicht zu haben. Bei genauem Hinsehen entdeckten die ForscherInnen aber gravierende Unterschiede, das heißt, sie entdeckten, dass die Frauen doch mehr Familienarbeit leisteten als die Männer. Wir sind also wieder bei dem gelungenen

Versuch, Probleme unter den Teppich zu kehren, um die Partnerschaft nicht zu gefährden. Das Unter-den-Teppich-kehren von unangenehmen Wahrnehmungen scheint mir überhaupt eine der Lieblingsbeschäftigungen von paarweise zusammenlebenden Menschen zu sein – vor allem von Menschen weiblichen Geschlechts.

Wenn also die Mehrbelastung der Frauen im Haushalt ein ganz entscheidender Faktor für ihre Unzufriedenheit in Paarbeziehungen ist, so liegt hier im Umkehrschluss einer der wesentlichen Bereiche, in denen ein ständiges latentes Ärgernis für die Alleinlebende komplett wegfällt. Sie glauben nicht, wie entlastend es ist, sich mit niemandem mehr darüber auseinandersetzen zu müssen, wer gerade mit dem Spülen, dem Kochen, dem Bügeln, dem Putzen dran ist. Oder darüber, ob es notwendig ist, schon wieder zu spülen, zu kochen, zu bügeln, zu putzen. Oder auch nicht mehr stillschweigend, aber voller innerem Ärger weit mehr als die Hälfte der Spül-, Koch-, Bügel-, und Putzarbeit zu übernehmen.

Einmal abgesehen von dem totalen Ausfall dieser Auseinandersetzungen und Ärgernisse, reduziert sich auch die Menge aller dieser Arbeiten in einem Einpersonenhaushalt erheblich. Hausarbeit bekommt einen ganz anderen, nämlich unwichtigen Stellenwert im Leben einer Frau, wenn sie nicht mehr mit ständigem, offenem oder verstecktem Ärger zusammenhängt und wenn ihr Umfang viel geringer geworden ist.

Das Alleinleben bietet noch eine Reihe anderer Vorteile. Zum Beispiel freue ich mich jedesmal, wenn ich an Herrenbekleidungsgeschäften vorbeikomme oder wenn mir Prospekte derselben als Beilage zu meiner Tageszeitung begegnen. Die Tatsache, dass sie mich nichts, aber auch gar nichts mehr angehen, ist ein herrliches Gefühl. Weder erwartet irgendjemand von mir, dass ich ihm etwas mitbringe, noch muss ich die Bekleidungsstücke eines anderen Menschen waschen, aufhängen, bügeln, flicken. Auch sieht mich niemand mehr vorwurfsvoll an, wenn der Mann an meiner Seite nicht ordentlich, passend, modisch gekleidet ist. Ich selbst bin, wie Sie inzwischen wissen, auch häufig nicht ordentlich gekleidet, ohne dass es jemals jemandem eingefallen wäre, den Mann an meiner Seite statt mich selbst deshalb vorwurfsvoll anzugucken.

Apropos Kleidung. Was ich auch noch als besonders entlastend empfinde, ist, dass niemand mehr außer mir selbst sich für meine Kleidung interessiert. Niemand sieht mich mehr mit missbilligenden Blicken an oder macht spitze Bemerkungen, wenn ich mal wieder in der Gemütlichkeit meiner eigenen vier Wände entsprechend gemütlich gekleidet herumlaufe. Selbst wenn ich in dieser Kleidung meine, mal eben zum Einkaufen hinunterspringen zu müssen, muss nur ich allein mir überlegen, ob ich das für richtig halte. Ich und die Art und Weise, wie ich mich kleide, haben rein gar nichts mehr damit zu tun, das Ego des Mannes an meiner Seite aufzupeppen. Es geht jetzt nur noch um *mein* Ego und ob das damit leben kann, nicht fortwährend als attraktive Puppe herumzulaufen.

Eine weitere riesengroße Entlastung ist es, dass wir nicht so ununterbrochen auf eine zweite Person fixiert sind und die nicht auf uns. Ich möchte hier kurz die Warnung einschieben, die fehlende Möglichkeit, sich auf einen Partner (eine Partnerin) zu fixieren, jetzt nicht auf die erwachsenen Kinder zu übertragen. Damit tun Sie weder den Kindern noch sich selbst einen Gefallen. Natürlich sorgen wir uns alle um das Wohlergehen der Menschen, die uns nahestehen. Aber das kann Frau auch übertreiben. Mütter neigen besonders dazu und gehen nicht wenigen ihrer Kinder damit ziemlich auf die Nerven. Ich verstehe ja, dass Mütter sich für ihre Kinder erhoffen, dass diese ständig von einem Glücksmoment zum nächsten segeln. Aber so ist das Leben nun einmal nicht, für niemanden – und deshalb auch nicht für Ihre Kinder. Etwas mehr Realismus, etwas mehr Gelassenheit im Umgang mit den Problemen, die Ihre Kinder genauso wie alle anderen Menschen haben, wären im beiderseitigen Interesse von Vorteil.

Zurück zur Fixierung auf einen Partner. Die Komponistin und Sängerin Annette Peacock hat in ihren 50ern das Problem in folgenden Worten deutlich beschrieben:

> Wenn dich ein Mann liebt, wird er dir nicht helfen,
> dich in eine bestimmte Richtung zu entwickeln.
> Und das ist auch bei Frauen so. Sie werden dich
> nicht ermutigen, deine Träume zu verwirklichen,
> weil sie Angst haben, dich zu verlieren.

Wenn niemand mehr da ist, der Angst haben muss, Sie zu verlieren, haben Sie die Möglichkeit, sich in jedweder Richtung zu entfalten.

Andersherum funktioniert das genauso. Ständig auf einen anderen Menschen fixiert zu sein, sich um ihn zu sorgen, Angst zu haben, ihn zu verlieren, ist keine gute Voraussetzung für ein selbstbestimmtes Leben. Lassen Sie mich Ihnen noch ein bisschen mehr von mir erzählen, um deutlich zu machen, was ich damit meine. Vier Wochen nachdem ich mich nach Monaten zu dritt aus meiner letzten Beziehung gelöst hatte, trafen sich wie geplant unsere Eltern, meine drei Geschwister mit ihren PartnerInnen und ich anlässlich eines Geburtstags in einem schönen Hotel in Wiesbaden. Wir nahmen alle Mahlzeiten gemeinsam ein und dehnten sie zu langen Gesprächen aus. Dazwischen trennten wir uns wieder, um voneinander Luft zu holen. Da wir einander herzlich zugetan sind (was natürlich nicht heißt, dass wir nicht auch unsere Auseinandersetzungen miteinander haben), waren es sehr schöne Tage.

Es war immer erst nachts, wenn ich allein auf mein Einzelzimmer ging, dass die Trauer um die erst so kürzlich beendete Partnerschaft mich einholte. Denn natürlich wäre mein letzter Ex, wie ich ihn nun schon seit langem nenne, mit nach Wiesbaden gekommen. Aber glücklicherweise habe ich diese zweite Britta in meinem Kopf sitzen, die Pragmatikerin und Realistin ist, und die in solchen Momenten genervt die Augenbrauen hochzieht und zu ihrer Zwillingsschwester sagt: Sei doch ehrlich, wäre es wirklich schöner gewesen, wenn er dabei gewesen wäre?! Natürlich wäre es das nicht. Bei den Tischgesprächen mit meinen Liebsten hätte sich nur ein Teil von mir auf sie konzentrieren können, während der andere Teil pausenlos auf den Mann an meiner Seite gerichtet gewesen wäre. Gefällt es ihm auch? Ist meine Familie nett zu ihm? Ist er mal wieder eifersüchtig auf die eine oder den anderen von ihnen? Gefällt ihm das Lokal? Schmeckt ihm das Essen? Will er noch etwas zu trinken? Findet er, ich trinke zuviel? Hat er jetzt genug von ihnen, möchte er jetzt ins Bett? Und so weiter, und so weiter.

Wir Frauen sind schon eine komische Spezies. Nicht, dass ich glaube, wir seien von Natur so; aber Jahrzehnte in unserer Gesellschaft und Jahrhunderte an Traditionen haben uns zu dem gemacht, was wir sind, und wie wir uns verhalten. Und ein wichtiger Teil typisch weiblichen Verhaltens ist es, unsere Antennen mehr oder weniger ununterbrochen auf den Mann an unserer Seite ausgerichtet zu haben. Wenn wir uns ab und an das Recht herausnehmen, es nicht zu tun, reagiert er beleidigt – was ihm kaum übelzunehmen ist, weil er ja nichts anderes kennt.

Denn natürlich hat dieselbe Gesellschaft mit denselben Traditionen gleichzeitig aus den Männern eine zwar andere, aber ebenfalls eigenartige Spezies gemacht. Wie sie einer ganzen Runde den Abend verderben können, wenn ihnen etwas nicht passt! Wie ihr Gesicht, das sonst eher wenig Mienenspiel zulässt, Missfallen ausdrücken kann! Wie wenig sie sich bemüßigt fühlen, zum allgemeinen Gelingen des Zusammenseins beizutragen. Da sitze ich mit meinem – ansonsten durchaus freundlichen – Partner in einem Bus, es steigt eine Bekannte ein, die stellt sich neben uns und macht liebenswürdige Konversation mit uns; dabei bemüht sie sich sichtlich, auch den Mann an meiner Seite, den sie nicht kennt, miteinzubeziehen; es gelingt ihr nicht, es kann ihr nicht gelingen, denn der Mann guckt währenddessen aus dem Fenster!

Genauso wie es uns beigebracht wurde, unsere Antennen auf andere Menschen auszurichten und uns für das allgemein zwischenmenschliche Gelingen jedweder Veranstaltung verantwortlich zu fühlen, genauso wurde das andere Geschlecht dazu erzogen, vor allem auf sich selbst zu achten, was zur Folge hat, dass Frau in der Regel lebenslang mit den Auswirkungen dieser Erziehung zu kämpfen hat. Ich weiß natürlich, dass Sie zu den Zeiten, als Sie noch einen Mann ‚Ihr eigen' nannten, eine Ausnahme von dieser Regel ergattert hatten. Wir alle – jede einzelne von uns – hat eine solche Ausnahme ergattert – daran kann überhaupt kein Zweifel bestehen! Wenn das nicht jede einzelne von uns glauben würde, würde das ganze (Geschlechter)System nicht funktionieren.

Allerdings warte ich noch immer auf den Mathematiker (es darf auch gerne eine Mathematikerin sein, nur gibt es davon so wenige), der oder die mir erklärt, wie es rein rechnerisch möglich ist, dass wir zwar alle wissen, dass das Zusammenleben mit Männern in der Regel ganz schön problematisch ist, dass im speziellen aber keine einzige von uns einen solchen Regel-Mann zu Hause hat.

Auch allein zu reisen kann große Vorteile in sich bergen. Ja, ich weiß, da haben Sie Ihre Zweifel. Dabei muss allein ja nicht heißen ohne Begleitung. Sie können sich mit einer oder mehreren Freundinnen oder Freunden zusammentun, Sie können aber auch eines der vielfältigen Angebote zu Gruppenreisen wahrnehmen. Bitte kommen Sie nicht gleich mit einer Fülle von Vorurteilen gegen Gruppenreisen, sondern probieren Sie es einmal aus. Wenn der erste Versuch noch nicht der richtige für Sie war, wechseln sie den Veranstalter oder die Art der Veranstaltung. Eine meiner Freundinnen schwört auf gemeinsame Wander- und Skireisen; eine andere liebt Kreuzfahrten; kulturelle Bustouren bevorzugt die dritte; die vierte reist seit Jahren häufig und gern ganz allein. Finden Sie heraus, welche Möglichkeit für Sie die richtige ist.

Vor allem aber erzählen Sie mir nicht – und erzählen Sie sich selbst nicht –, dass die Urlaube mit Ihren Partnern immer so rundherum wunderschön gewesen seien. Für viele Paare sind ein oder zwei Wochen mit 24 Stunden täglichem Beisammensein eine ziemliche Herausforderung. Da knallen die eben nicht zu Hause gelassenen Probleme erst richtig kräftig aufeinander. Da werden Gegensätze besonders deutlich. Das hat meistens schon bei der Wahl des Urlaubsortes begonnen. Jetzt können Sie endlich an genau die Orte fahren, an die er nie wollte, und die Dinge dort unternehmen, die ihn nicht interessierten.

Auch können Sie jetzt die gewonnene Zeit dafür verwenden, Dinge zu tun, für die Sie nie die Zeit gefunden haben, als Sie noch einen Großteil Ihrer Freizeit für das

Wohlbefinden und die Interessen Ihres Partners verwendet haben. Eine meiner Freundinnen nimmt z. B. jetzt Gesangsunterricht, eine andere spielt regelmäßig Karten, viele lesen mehr, gehen häufiger zu kulturellen Veranstaltungen aller Art, telefonieren ausgiebig miteinander oder treffen sich zu zweit.

Sollten Sie im Rahmen Ihrer neuen Tätigkeiten auf fernöstlich beeinflusste Meditationspraktiken stoßen, möchte ich Sie um Vorsicht bitten. Ein Teil dieser Angebote fußt auf dem Grundgedanken, dass der Mensch sein Ego aufgeben müsse. Ich halte es für prinzipiell zweifelhaft, ob das der richtige Weg für uns Menschen ist, aber für die meisten Frauen bin ich mir ganz sicher, dass er es nicht ist. Was vielen von uns fehlt, ist ja gerade ein selbstbewusstes Ich. Was wir da aufgeben sollen, haben viele von uns noch gar nicht gefunden. Es ist für westliche Frauen ja gar nichts Neues, ihr Ego aufgeben zu sollen, sind wir doch so erzogen, stets auf andere zu achten und nicht auf uns selbst. Für westlich erzogene Männer mag es nicht falsch sein zu lernen, ihr durch Erziehung stark ausgeprägtes Ego zumindest zeitweise hintersichlassen zu können. Davon sind Frauen aber weit entfernt. Zudem herrscht bei diesen Versammlungen häufig ein erschreckend altmodisches geschlechtsspezifisches Rollenmodell. Männlicher Guru und weibliche Anhängerinnen sind nicht untypisch. Gucken Sie sich also bitte genau und kritisch an, auf was Sie sich da einlassen.

Zum Abschluss fällt mir noch ein, dass Sie jetzt wahrscheinlich viel Geld sparen. Es wird häufig darauf hingewiesen, dass Männer für Frauen viel Geld ausgeben müssen. Nicht, dass ich das grundsätzlich bestreiten möchte, es wird dabei aber übersehen, dass es umgekehrt manches Mal auch nicht anders ist. Sie könnten spaßeshalber einmal eine Rechnung aufmachen. Wieviele Flaschen Sekt haben Sie über all die Jahre in Ihrem Kühlschrank für gewisse Stunden bereitgestellt? Wieviele gute Flaschen Wein? Wie oft haben Sie teure Schleckereien für den Mann Ihrer Gunst eingekauft? Was haben Reizwäsche, Kosmetika, Frisör, Maniküre, Schönheitsfarmen gekostet? Wie oft haben Sie ihn zu was auch immer eingeladen? Möglicherweise haben Sie ihm sogar mit größeren Summen über Engpässe hinweggeholfen. Immer wieder lesen wir auch von Frauen – nicht aber von Männern –, die noch jahrelang Bürgschaften abbezahlen, die sie für ihre Männer übernommen haben.

Freuen Sie sich also, dass Sie Ihr Geld jetzt uneingeschränkt sowohl für sich selbst ausgeben können, als auch für Dinge, die es Ihnen wert sind zu unterstützen. Es gibt zahlreiche Projekte zu Hause und in aller Welt, die Frauen in Not unter die Arme greifen. Jedes dieser Projekte ist dankbar für Geld, das Sie erübrigen können. Wohnungslose, arme, missbrauchte, drogenabhängige Frauen sind unter anderen auf unsere Solidarität angewiesen. Verweigern Sie sie ihnen nicht!

Das Alleinsein hat also einige Vorteile. Es kann durchaus als befreiend empfunden werden. Ich möchte Ihnen daher vorschlagen, das sogenannte Single-Dasein bewusst in Betracht zu ziehen, weil es eine echte positive Alternative für Frauen (und Männer) sein kann. Wie Sie sicherlich schon gemerkt haben werden, hat diese Lebensform in den letzten Jahren erheblich zugenommen. Die Soziologin Heike Lipinski schätzte schon 1998, dass inzwischen jeder dritte deutsche Mensch zwischen 25 und 45 absichtlich allein lebt. „Das sind in der großen Mehrzahl nicht die Mauerblümchen, die keinen abgekriegt haben, sondern Menschen die nach einer ersten Partnerschaft bewusst die neue Lebensform gestalten. Sie genießen die Vorteile des Daseins ohne Partner.“

Im Jahr 2004 bestätigte eine Forsa-Umfrage, dass mehr als ein Drittel aller alleinstehender Frauen in Deutschland keinen neuen Partner möchte. Sie geben folgende Gründe für ihre Bevorzugung des Alleinlebens an: Sie genießen es, tun und lassen zu können, was sie wollen, mehr Zeit für sich zu haben und allein über das Urlaubsziel bestimmen zu können. Darüber hinaus sind sie froh, dass es niemanden gibt, der die Wohnung in Unordnung bringt und mit dem sie Sportübertragungen sehen müssen, die sie nicht interessieren.

Die Untersuchung von Lipinski beschränkte sich im Gegensatz zu der Forsa-Umfrage auf Menschen zwischen 25 und 45 Jahren. Das ist bedauerlich, weil ich glaube, dass das Alleinleben gerade für Menschen ab der Lebensmitte – also frühestens nach 45 Jahren – als Alternative in Frage kommt. Die Natur – oder die Biologie, wie meine Mutter es nannte – hat uns Menschen gerade zwischen 25 und 45 nicht für das Alleinsein ausgelegt. Aber danach, nach ungefähr 50, schon. Womit wir geradezu zwangsläufig beim nächsten Punkt angekommen wären.

Mythos Alter

> Es ist ganz falsch, sich das Alter als einen abfallenden Hang vorzustellen. Ganz im Gegenteil, mit fortschreitenden Jahren klettern wir höher und höher und das mit überraschend großem Schwung. Geistige Arbeit fällt alten Menschen so leicht wie körperliche Anstrengung dem Kind.
> *George Sand*

Es ist wohl an der Zeit, dass wir uns mit dem Alter beschäftigen. In einem Buch, das sich ausdrücklich an Frauen (und Männer) jenseits der 50 wendet, ist das nicht zu vermeiden. Wenngleich ich Ihnen gerade auch unser Alter als befreiend nahebringen möchte, ist mir natürlich klar, dass das wieder einer der prekäreren Punkte sein dürfte. Ich erzähle Ihnen nichts Neues, wenn ich festhalte, dass wir in einer vom Jugendwahn befallenen Gesellschaft leben. Wenn dem nicht so wäre, dann wäre es kaum nötig, unser Alter überhaupt zu thematisieren. Dass viele von uns ein so großes psychisches Problem mit unserem Älterwerden haben, ist nur vor dem Hintergrund dieses Wahns zu verstehen. Wieder möchte ich Sie bitten, mit mir gemeinsam zu versuchen, einem Vorurteil auf die Spur zu kommen, um es als solches zu entlarven, und dann zu einem neuen, positiven Umgang mit Ihrem Älterwerden zu kommen.

Hans Magnus Enzensberger, von der ihn interviewenden *Rheinischen Post* als „einer der bedeutendsten Intellektuellen der Republik“ bezeichnet, bemerkt zum Thema Jugendwahn im Jahre 2003 treffend:

> Das ist ja lächerlich, diese ewige Jugendlichkeit, die manche Leute für sich in Anspruch nehmen; die kann einem ja auch auf die Nerven gehen. Sicherlich ändert sich irgendetwas in der Psyche, ein Mensch von 20 und einer von 70 Jahren, natürlich haben die andere Töne. Das sollte nicht nur erlaubt, das sollte eigentlich geboten sein, denn sonst ist man ein Stück Holz, das durch die Jahrzehnte schwimmt.

Mit dieser Auffassung schwimmt Enzensberger jedoch klar gegen den Strom, und wir können froh sein, dass es überhaupt einmal jemand tut. Werbung und Medien suggerieren uns gerade nicht, dass „andere Töne" im fortgeschrittenen Alter „geboten" sind, sondern dass sich im Gegenteil nur ja nichts zu verändern hat. Jung sein und ewig jung bleiben wird als der einzig akzeptable und daher der einzig erstrebenswerte Zustand verkauft.

Jungsein beinhaltet von Alters her Vitalität und Schönheit und die wiederum – vor allem für uns Frauen – sexuelle Attraktivität. Eine Schönheit allerdings, die zwangsläufig etwas von einem unbeschriebenen Blatt an sich hat: Ein Gesicht, in das die Lebenserfahrung geschrieben steht, ist nicht erwünscht. Schön ist das leere Gesicht; dasjenige, in das der Betrachter alles hineininterpretieren, aber nichts herauslesen kann. Mit dieser Art Schönheit kann Frau schon ab der frühen Lebensmitte nicht mehr dienen. Mann kann das auch nicht, aber von dem wird es auch gar nicht verlangt.

Die Botschaft, die dieses Schönheitsideal zu vermitteln sucht, ist so erfolgreich bei den meisten von uns angekommen, dass mittlerweile ein Vermögen für die sogenannte Schönheitschirurgie ausgegeben wird. In den USA lassen sich inzwischen jedes Jahr etwa drei Millionen Menschen operieren. In Deutschland waren es im

Jahre 2001 auch schon eine halbe Million Menschen, doppelt soviele wie zehn Jahre zuvor. Schon im zarten Alter von 18 bis 30 Jahren soll sich bereits jede fünfte deutsche Frau operieren lassen. Dabei müssen es nicht immer gleich Operationen sein: Frauen jeden Alters geben auch jährlich Millionen für Cremes aus, die versprechen, eine verjüngende Wirkung zu haben, obgleich immer wieder Meldungen durch die Presse gehen, dass Kosmetika nicht in der Lage sind, das natürliche Altern aufzuhalten.

Ich kann Ihnen gar nicht sagen, wie schauerlich ich das alles finde. Schauerlich im ganz wörtlichen Sinne: Es schaudert mich körperlich, wenn ich Photos von solchen Operationen sehe, von jungen Frauen, die sich immer ähnlicher werden, oder von Frauen gehobenen Alters, die sich zu Mumien haben umgestalten lassen. Dass es Frauen gibt, die sich freiwillig ihre Schamlippen verkürzen oder aufpolstern lassen, würde ich gar nicht glauben, wenn ich es nicht kürzlich in einer seriösen Zeitung gelesen hätte.

Ganz besonders erschreckend ist aber natürlich, was all dem zugrunde liegt: Wie wenig Frauen bereit oder in der Lage sind, ihren eigenen Körper, so wie er nun einmal ist oder so, wie er sich im Laufe der Jahre verändert, anzunehmen. Leider auch das in zunehmendem Maße: 1972 waren erst 25 Prozent aller deutschen Frauen mit ihrem Aussehen und ihrem Gewicht unzufrieden, 2003 waren es schon 56 Prozent, also mehr als doppelt soviele und buchstäblich jede zweite Frau, wie das Forsa-Institut herausfand.

Auch der psychische Preis, den Frauen für solche Schönheitsoperationen zahlen, ist erschreckend, aber leider nicht überraschend: In Schweden ist die Selbstmordrate von Frauen, die sich ihre Brüste haben operieren lassen, dreimal so hoch wie die anderer Frauen. Es ist zu vermuten, dass das nicht nur in Schweden so ist. Es spricht im übrigen für die SchwedInnen, dass sie überhaupt auf die Idee gekommen sind, diesen Aspekt in ihrer Statistik zu berücksichtigen.

Vorbilder spielen bei dem Druck, unter dem Frauen stehen, natürlich eine nicht zu unterschätzende Rolle. Jan Restel, Düsseldorfer Facharzt für plastische und ästhetische Chirurgie, ist der Überzeugung, dass wir heutzutage im Fernsehen „lauter durchoperierte Frauen" sehen. Ob sich die Fernsehschönheiten deswegen immer ähnlicher sehen?

Geradezu perfide finde ich es, wenn öffentlich bekannte Frauen jenseits der 50 auf das Geheimnis ihres Nicht-Alterns angesprochen von früh zu Bett gehen, viel Wasser trinken, keinen Alkohol zu sich nehmen, Entspannungstechniken betreiben faseln, anstatt zuzugeben, dass auch sie sich chirurgisch haben helfen lassen. Das ist perfide, weil sie den Eindruck erwecken, Schönheit ließe sich auch in fortgeschrittenem Alter ganz einfach und bei jeder erhalten.

Nicht nur das Äußere betreffend, auch im weiteren Sinn sind die Frauenbilder, die nach wie vor im deutschen Fernsehen vermittelt werden, überwiegend fatal altmodisch. Die Tatsache, dass laut *TV Hören und Sehen* 69 Prozent der BundesbürgerInnen diesen Frauenbildern die Wirklichkeitsnähe absprechen, scheint jedoch wenig Chancen zu haben, Veränderungen durchzusetzen. Das könnte damit zusammenhängen, dass nach der gleichen Quelle über 90 Prozent der Chefpositionen im Fernsehen von Männern besetzt sind.

Zurück zum rein Äußerlichen. Models in den 50er Jahren (damals noch Mannequins genannt) wogen im Schnitt nur 8 Prozent weniger als die durchschnittliche Frau, heute wiegen sie 23 Prozent weniger. Das setzt die Durchschnittsfrau – also jede von uns – unter einen enormen Druck, schlank zu bleiben. Während es kaum Frauen gibt, die nicht mehr oder weniger häufig in ihrem Leben Diäten machen, sind es bei den Männern verschwindend wenige. Das ist nicht weiter verwunderlich, gaukeln ihnen doch auch keine spindeldürren Models ein Ideal vor, das mit naturgegebener Realität wenig gemein hat.

Wie erfolgreich der Druck auf Frauen ist, sich dem von den Medien erbarmungslos propagierten Frauenbild zu unterwerfen, lässt sich an zwei ganz unterschiedlichen Beispielen aufzeigen. In England wünschte sich eine 15jährige vergrößerte Brüste als Geburtstagsgeschenk – und die Eltern fanden das in Ordnung! Mir fehlen die Worte, um meinem Entsetzen hierüber Ausdruck zu verleihen, insbesondere über die verantwortungslosen Eltern. Vielleicht ist es aber noch entsetzlicher, dass bei dem jungen Mädchen der Eindruck entstehen konnte, um Erfolg in dieser Gesellschaft zu haben, müsse sie unter allen Umständen einen großen Busen haben. Das hat sie tatsächlich öffentlich gesagt.

Das zweite Beispiel ist kein namenloses junges Mädchen, sondern eine seit Jahren erfolgreiche Schönheit: die US-amerikanische Schauspielerin Michelle Pfeiffer. Lehnte sie mit 28 Jahren Schönheitsoperationen noch kategorisch ab, gibt sie mit 42 zu, sich da nicht mehr so sicher zu sein. Zwar ehrt es sie, dass sie das öffentlich zugibt, aber es ist doch eine erschreckende Entwicklung, dass nicht einmal eine so schöne und so erfolgreiche Frau wie Michelle Pfeiffer sich dem öffentlichen Druck entziehen kann.

Eine Journalistin, die sich Gedanken darüber gemacht hat, wieso sich in Deutschland ein Dutzend Frauenzeitschriften auf dem Markt behaupten können, „die ihre Klientel nach wie vor auf Schönheit, Jugend, Sexappeal reduzieren“, zieht folgendes Fazit: Die Frau scheint ein defizitäres Wesen zu sein: „Sie muss sich schminken, Diät halten, Problemzonen bekämpfen, Sushi virtuos wickeln und das Nest geschmackvoll dekorieren, um zu gefallen."

Das war im Jahre 2001. Im Jahre 1882 fragte sich eine englische Journalistin, „warum davon ausgegangen wird, dass die männliche Figur den Händen des Schöpfers perfekt entsprungen ist, während es für notwendig gehalten wird, die weibliche ständig zu flicken und in Form zu pressen, um sie vorzeigbar zu machen." Die soeben zitierte zeitgenössische Journalistin fragt sich desweiteren angesichts der Titelbilder auf den Frauenzeitschriften, ob „[e]in hübsches Kostüm, ein überbetonter Körper, ein nettes Lächeln von unten nach oben" die entscheidenden Attraktivitätsmerkmale des Weiblichen seien. Sieht man sich die 16 in der Zeitung abgedruckten Titelbilder an, lässt sich dieser Beobachtung kaum widersprechen. Die überbetonten weiblichen Formen hat ihre Kollegin 120 Jahre vorher auch schon zum Nachdenken angeregt.

So schwer es uns in dieser Gesellschaft auch gemacht wird, ich halte es für einen ganz zentralen Punkt bei der Suche nach der eigenen Zufriedenheit, die Veränderungen unseres Körpers anzunehmen, also das Altern an sich anzunehmen. Vor dem Hintergrund des allseits propagierten weiblichen Schönheitsideals ist es nicht überraschend, dass allgemein behauptet wird, Frauen hätten viel größere Schwierigkeiten als Männer, alt zu werden. Die oben genannten Zahlen von Frauen, die sich operieren lassen, scheinen dem Recht zu geben. Aber auf der anderen Seite sehe ich prominente Frauen ihr Älterwerden in der Öffentlichkeit offensiv vertreten, allerdings wohl nicht selten mit Hilfe der sogenannten Schönheitschirurgie. In meinem Freundinnenkreis erlebe ich eine Vielzahl nicht-operierter Frauen in ihren 50ern und

60ern, die hervorragend mit ihrem Älterwerden umzugehen wissen.

Wenn ich mir die vielen Frauen und Männer, denen ich so begegne, genau betrachte, stelle ich hingegen fest, dass es eher die Männer sind, die mit dem Älterwerden große Probleme haben. Der Lebenspartner einer meiner Freundinnen z. B. spielt immer noch so oft und mit soviel Einsatz Tennis, wie er das seit 30 Jahren tut; nur dass er dabei – in den Worten seiner Freundin – „von acht Tennisstunden mit fünf verschiedenen körperlichen Beschwerden zurückkommt". Wie sie sagt, hält er das nach wie vor für eine zufällige, vorübergehende Erscheinung. Dass er gerade 60 geworden ist und diese Tatsache vielleicht eine Umstellung seines Verhaltens sinnvoll erscheinen ließe, ist ihm bislang noch nicht in den Sinn gekommen. Da ist er in guter Gesellschaft mit einem meiner Verflossenen. Der hielt meine gedankliche Auseinandersetzung mit dem Älterwerden mit Anfang 50 für einzig und allein mein Problem. Mit knapp 50 war er doch noch weit von körperlichen Veränderungen entfernt, die zu akzeptieren gewesen wären!

Ich hätte auch eine Erklärung dafür anzubieten, warum der Eindruck entstehen konnte, wir Frauen hätten die größeren Probleme: Wir gehen offener damit um. Gewohnt, über unsere Schwierigkeiten und Befürchtungen zu sprechen, äußern wir auch unsere Ängste bezüglich unseres Alterns. Männer hingegen sprechen ja auch sonst nicht über ihre Ängste, also auch nicht über diese. Gerade die Tatsache, dass wir uns offensiver mit unseren Problemen auseinandersetzen, ermöglicht es uns auch, besser mit ihnen umzugehen, während Männer so tun, als würden sie gar nicht älter und das oft mit jüngeren Frauen an ihrer Seite vielleicht eher sich selbst als anderen beweisen müssen.

Im Jahre 2001 endlich waren auch die Fachleute dem Mythos auf der Spur: Der Psychologe Elmar Brähler von der Universität Leipzig vermerkte, dass es entgegen der landläufigen Meinung gerade Männer seien, die große Schwierigkeiten mit dem Älterwerden hätten. Das bemerke man z. B. daran, dass sie auf einmal „wie von Furien verfolgt“ durch den Wald joggten. Der Urologe Hermann Berberich stellte dazu fest: „Älter werden hat etwas mit Loslassen zu tun – das können Männer schlechter als Frauen.“ Er bemerkte in dem Zusammenhang auch, dass Männer in mittleren Jahren sich nicht in erster Linie aus sexuellen Wünschen jüngeren Frauen zuwenden, sondern weil sie eine „Bestätigung der eigenen Jugendlichkeit“ suchen.

Diese männlichen Verhaltensweisen sind besonders verwunderlich angesichts der Tatsache, dass Männer es eigentlich viel leichter haben, ihr Alter offen zu akzeptieren: Unsere Gesellschaft verlangt doch gar nicht von ihnen, attraktiv zu sein – schon gar nicht in vorgerücktem Alter. Ich muss hier präzisieren: verlangt es nicht von heterosexuellen Männern, denn schwule Männer stehen mindestens unter demselben Jugend- und Schönheitsdruck wie wir Frauen. Einer meiner schwulen Freunde hat es drastisch formuliert, als er mir erklären wollte, warum er irgendwann in seinen 40ern begann, regelmäßig in ein Fitness-Studio zu gehen: „um sich nicht aus dem Markt zu katapultieren“!

Gucken wir genau hin, dann ist die Ungleichheit des Schönheitsdrucks zwischen hetero- und homosexuellen Männern sehr aufschlussreich, denn sie basiert auf einer Gleichheit: In beiden Fällen sind es Männer, die auf dem attraktiven Äußeren des (Sexual)Partners oder der Partnerin bestehen. Auf Sexualität komme ich im Detail noch zurück, hier sei nur darauf hingewiesen, dass Frauen viel eher bereit dazu sind als Männer, ihre Partner nicht auf deren körperliche Anziehungskraft zu reduzieren.

Ich muss allerdings zugeben, dass ich angesichts einer Vielzahl erschreckend unattraktiver 50- und 60jähriger ein wenig mehr Druck auf potentielle und wahrhaftige Partner für durchaus angebracht hielte. Eine Freundin von mir ging kürzlich im Alter von 43 Jahren zu einem Treffen, um ihr 25 Jahre zurückliegendes Abitur zu feiern. Es waren über 70 Frauen und Männer aus ihrer Jahrgangsstufe gekommen. Während sie die Frauen fast alle unverändert schlank und attraktiv geblieben fand, wirkten die Männer auffallend unattraktiv auf sie.

In einer *Emma*-Ausgabe ist die Abbildung eines Titelblattes des *Stern* wiedergegeben, auf dem die Rolling Stones abgebildet sind. Ich darf wohl davon ausgehen, dass Ihnen die abgewrackten Gesichter dieser Männer bekannt sind. *Emma* kommentiert witzig und zutreffend:

> An dem Tag, an dem eine Frau dieses Alters und dieses Aussehens nicht in die Wechseljahre oder in die Klapse geschickt wird, sondern bejubelt auf der Bühne stehen und das „stern"-Cover zieren darf – an dem Tag stellen wir die Emma ein. Denn dann, dann ist das Ziel des Feminismus endgültig final erreicht: Gleiche Rechte für alle!

Aber noch sind wir nicht so weit. Noch lassen wir uns – vorwiegend von Männern – einreden, die Schönheit der Frau gehöre ausschließlich zu ihrer Jugend und mit dem Verlust beider sei alles Positive im Leben vorbei. Das ist übrigens eine uralte Strategie, deren sich Männer seit Jahrhunderten bedient haben, um junge Frauen in ihr (uneheliches) Bett zu ziehen. In der europäischen Dichtung war es daher ein Standardthema. Der Dichter sagte sinngemäß zu seiner Angebeteten in meinen ganz und gar unpoetischen Worten: Jetzt bist du jung und schön, ergreife alle Chancen, die dir das bietet, denn wenn du erst alt und hässlich sein wirst, wird dich keiner mehr haben wollen. In Zeiten, in denen Frauen finanziell und sozial von Männern abhängig waren, mag diese Sicht der Dinge noch nicht einmal falsch gewesen sein. Jetzt aber sollten wir damit aufhören, an solche Märchen zu glauben.

Ich möchte Ihnen nahelegen, sich dem Druck zu entziehen. Dass das nicht so einfach ist, versteht sich von selbst, aber wir sollten es dennoch mit aller Kraft versuchen. Das Ziel ist – glauben Sie mir – so erlösend, dass sich jede Anstrengung lohnt. Mir selbst kam der Zufall zu Hilfe. Ich war gerade 50 Jahre alt, als mich der Urlaub an den Strand von Nizza führte. Und wie ich da so saß und mir die vielen schönen, braungebrannten, mehr oder minder nackten Menschen ansah, wurde mir auf einmal klar, dass ich nun – mit 50 – nicht mehr schön sein musste. Es war ein wunderbares, befreiendes Gefühl. Ich musste mir keine Gedanken mehr darüber machen, wo die Natur meinen Körper mit zuviel und wo mit zuwenig des Guten bedacht hatte. Ich stand nicht mehr unter diesem ewigen Druck, schön sein zu müssen – oder attraktiv oder sexy oder wie immer Sie das nennen wollen; nicht mehr ewig nur als potentielles Sexualobjekt betrachtet zu werden – vom eigenen Partner ebenso wie von fremden Männern; nicht mehr unausgesprochen im ewigen Wettbewerb mit allen anderen Frauen. Nur ich, Subjekt, nicht mehr ‚die Frau', Objekt; betrachten, nicht betrachtet werden; wählen, nicht gewählt werden; nicht gewogen und vielleicht für nicht schön genug befunden werden. Berauschend!

Wie nervtötend ein Leben als wandelndes Sexualobjekt sein kann, hat interessanterweise ein Mann zu erfahren bekommen. Brad Pitt, US-amerikanischer Schauspieler und Frauenschwarm, wird mit den Worten zitiert: „Die Leute sind nur auf mein Äußeres fixiert.“ Auf der Straße komme er sich oft vor „wie ein Mädchen, dem die Bauarbeiter nachpfeifen“. Ist das vielleicht ein Zeichen fortschreitender Gleichberechtigung, weiblicher Emanzipation gar?

Zu meiner eigenen Überraschung achte ich übrigens viel mehr auf mein Äußeres, seit ich alleinlebe. In meinen langen Jahren mit Pferden pflegte ich immer zu sagen: Druck erzeugt Gegendruck. Das heißt, je mehr Sie versuchen, ein Pferd daran zu hindern, schnell vorwärts zu stürmen, desto mehr wird es mit aller Kraft versuchen, sich genau dagegen zu wehren. Je mehr Wert ein Mann in meinem Leben auf mein Äußeres legte, desto weniger war ich gewillt, diesem Wunsch Folge zu leisten. Seit niemand mehr versucht, Druck auf mich auszuüben, kann ich ganz meinem eigenen Verlangen nachgeben. Das heißt, manchmal wäre es besser, Sie kämen nicht unangemeldet bei mir vorbei, und dann wieder habe ich mich richtig schnuckelig zurechtgemacht, einfach nur so, aus Spaß an der Freud‘.

Eine einst sehr sportliche Freundin um die 60 hat erzählt, dass sie weinen müsse, wenn sie sich dieser Tage im Spiegel betrachte. Die Schauspielerin Ursula Andress – das ist diejenige, die in den 60er Jahren als Urbild aller Bond-Girls berühmt wurde, als sie wie Botticellis Venus aus dem Meer stieg – sagt mit Ende 60, dass sie laut aufschreie, wenn sie morgens in den Spiegel schaue. Mir geht es – seit Nizza – da ganz anders. Wenn ich mich im Spiegel betrachte, denke ich: Dafür, dass du schon 57 bist, hast du dich sehr gut gehalten – bravo, meine Liebe! Ich kann das so sehen, weil ich – seit ich bewusst alleinlebe – in keinem Vergleich mehr stehe, weil ich nicht mehr gemessen, verglichen, für nicht jung oder nicht schön genug befunden werde. Ich bin einfach ich und kann mich deshalb annehmen wie ich es zu Zeiten, in denen ich nach landläufiger Meinung für wesentlich attraktiver gehalten wurde als jetzt, nie habe tun können. Auch das ist eine Folge der Befreiung durch das Älterwerden.

Was die Angelegenheit erleichtert, ist, dass es den Menschen, die in meinem Leben noch eine große Bedeutung haben – meinen engsten Angehörigen und meinen Freundinnen und Freunden –, mehr oder minder gleichgültig ist, wie ich aussehe. Ebenso wie es mir unwichtig ist, wie sie aussehen. Die eine oder andere meiner Freundinnen kämpft immer wieder einmal mit Übergewicht. Natürlich sehe ich das. Natürlich denke ich ab und an bei mir, dass sie ein bisschen zuviel zugelegt hat. Und das sage ich auch, falls wir darauf zu sprechen kommen. Aber meine Gefühle für sie sind davon gänzlich unberührt. Ich sehe natürlich auch, wenn eine meiner Freundinnen besonders hübsch aussieht. Auch das sage ich; aber auch das hat nicht das Geringste mit meiner Beziehung zu ihr zu tun.

Noch wichtiger ist vielleicht, dass es nicht das Geringste mit meinem Selbstwertgefühl zu tun hat, für wie attraktiv die Freundin oder der Freund an meiner Seite von anderen Menschen gehalten wird. Ich bin mit ihnen befreundet, weil ich sie als Menschen schätze, ihr Aussehen hat damit nichts zu tun. Ob andere Menschen meine Hochschätzung für sie teilen, ist für mich gleichgültig. Wie wir alle wissen, ist es uns aber keineswegs gleichgültig, was andere Menschen von unseren Partnern oder Partnerinnen halten.

In diesem Zusammenhang würde meine Schwester wahrscheinlich darauf hinweisen, dass der Standardspruch unserer Mutter, wenn wir ihr von irgendeiner bevorstehenden Veranstaltung erzählen, ist: „Was ziehst‘n da an?“ Zugegeben, das würde sie; und das bedeutet natürlich, dass es ihr wichtig ist, was ihre Kinder für einen

Eindruck auf andere machen. Das wiederum ist genau die Einstellung, die wir von den Männern an unserer Seite kennen und genauso nervig finden: Es ist ihnen wichtig, für wie attraktiv uns andere Männer halten. Auch das wird wieder von einer Studie der Forschungsstelle für Sexualwissenschaft und Sexualpädagogik der Universität Landau bestätigt, die feststellt, dass „Männer eher etwas fürs Auge brauchen als Frauen". Männern sei es „in jedem Alter und unabhängig vom [eigenen] Körperumfang sehr wichtig, dass ihre Partnerin attraktiv aussieht und sich modisch kleidet." Dahinter steckt wohl, dass es besonders wichtig für Männer ist, Eindruck auf andere Menschen zu machen.

Das ist eine Haltung, die ich in jungen Jahren verständlich finde, aber nicht mehr in der Lebensmitte. Eine junge Fernsehmoderatorin hat dem damaligen Bundespräsidenten Johannes Rau für mich sehr einleuchtend erklärt, warum Markenkleidung so wichtig für ihre Generation sei. Wenn man noch nichts ist, hat sie sinngemäß gesagt, ist es wichtig zu zeigen, dass man was hat. Dem würde ich im Umkehrschluss hinzufügen wollen, dass der Mensch in der Lebensmitte wissen sollte, wer sie oder er ist, und dass dieses Wissen es überflüssig macht, herausstellen zu müssen, was wir haben.

Dieselbe soeben angeführte Untersuchung stellt außerdem noch fest, dass Frauen ab etwa 30 Jahren im Gegensatz zu Männern zunehmend weniger Wert auf die äußere Erscheinung ihres Partners legen. Ich kann daraus nur schlussfolgern, dass wir eher zu wissen scheinen als Männer, dass wir uns vom attraktiven Äußeren unseres Partners (unserer Partnerin) innerhalb einer Beziehung rein gar nichts kaufen können. Am Anfang einer Verbindung fühlen wir uns von unserem Partner so oder so stark angezogen; später macht sein hübsches Aussehen die Probleme auch nur geringfügig einfacher.

Nicht nur körperlich bin ich, seit ich allein bin, mit mir zufriedener; auch das, was wir seit Boris Becker gelernt haben, ‚mental' zu nennen, erlebe ich bei mir und bei vielen meiner gleichaltrigen Freundinnen als viel stärker im Vergleich zu früher. Als eine Freundin von mir vor ein paar Jahren 40 Jahre alt wurde, hielt ich eine kleine Rede. Da ich zu dem Zeitpunkt 49 war, konnte ich sowohl auf das vierte als auch auf das fünfte Jahrzehnt zurückblicken. Meine Mutter hat immer gesagt, die 30er seien die schönsten Jahre im Leben einer Frau. Ich selbst hatte zu dem Zeitpunkt den Eindruck, die 40er seien die besten. Beides erzählte ich in meiner Ansprache. Zur allgemeinen Belustigung der Gäste (unter ihnen auch eine Reihe von Menschen in ihren 70ern) fügte ich noch an, dass die 50er ja vielleicht noch schöner werden würden. Ich hatte eigentlich nur einen Scherz machen wollen, und genau so wurde meine Bemerkung auch aufgenommen.

Inzwischen bin ich 57 Jahre alt und weiß – rückblickend betrachtet –, dass ich damals nicht die leiseste Ahnung davon hatte, dass die 50er wirklich noch viel besser sind. Wir haben uns soviel an den Fußsohlen abgelaufen; wir sind durch so vieles hindurchgegangen und hindurchgekommen; deshalb sind wir soviel gelassener geworden. Wir wissen soviel besser, wer wir sind, und wer wir nicht sind; was wir können, und was wir nicht können; was wir wollen, und was wir nicht wollen; was uns gut tut, und was uns nicht gut tut.

In einem Buch mit dem bezeichnenden Untertitel „Junge Frauen über 50" fand ich folgendes: „‚Sophisticated' [kultiviert] kann nur sein, wer mit Stil zu seinen Wahrheiten und Fehlern steht, wer stolz und ein bisschen gelangweilt das Gefühl genießt, nichts mehr beweisen zu müssen." Der Autor, Konrad Heidkamp, meint damit übrigens ausschließlich Frauen. „Verblüffend treu" seien diese Frauen sich geblieben, wahrend männliche Altersgenossen „verstärkt dazu neigen, konservativ und beschaulich zu werden und den Idealen ihrer Jugend abzuschwören."

Während ich seine positive Bewertung des Nichts-mehr-beweisen-müssens voll und ganz teile, bin ich bezüglich des Sich-treu-bleibens nicht so sicher. Nichts mehr beweisen zu müssen – uns nicht und anderen auch nicht –, das könnte die zentrale Quintessenz des Älterwerdens im positiven Sinne sein. Ich bin auch sehr dafür, wie ich schon ausgeführt habe, sich treu zu bleiben. Ich habe aber nicht den Eindruck, dass wir Frauen in der Lebensmitte uns „verblüffend treu" *geblieben* sind, sondern überhaupt erst zu uns finden. In all den Jahren, in denen wir uns vorwiegend in Taten und in Gedanken um andere Menschen gekümmert haben, hatten wir kaum die Gelegenheit, uns selbst treu zu sein. Wir hätten kaum gewusst, wem oder was wir denn hätten treu sein sollen. Sich selbst treu sein, setzt voraus, dass wir wissen, wer wir sind. Das genau scheint mir ein weiterer ganz zentraler, positiver Punkt des Älterwerdens zu sein. Wir sind jetzt soweit, uns selbst zu erkennen; wir sind bei uns angekommen – wir können uns jetzt endlich treu sein.

Sehen Sie jetzt, warum ich auch die Vorstellungen, die wir mit dem Älterwerden verbinden, als Mythos bezeichnen möchte? Weil sie nicht stimmen. Es ist nicht negativ, dieses oder jenes nicht mehr tun zu wollen. Es wird zweifellos schwierig, wenn wir erst so alt sein werden, dass wir dieses oder jenes nicht mehr tun *können*. Aber noch ersetzen wir das Vergangene durch reichlich Positives.

Mit dem Älterwerden scheinen wir auch zunehmend in der Lage zu sein, positive Erlebnisse als solche zu registrieren. Eine Gruppe von ForscherInnen an zwei renommierten Universitäten in Kalifornien berichten, dass ältere Menschen „im allgemeinen emotional viel zufriedener" seien als jüngere. Diese Zufriedenheit entstehe „nicht zuletzt durch eine Verschiebung der Wahrnehmung, bei der positive Ereignisse und Gefühle schneller wahrgenommen und besser abgespeichert werden als negative." Das wiederum hinge mit einer allgemeinen Veränderung von Prioritäten und Zielen im Alter zusammen. Der Filmproduzent Gerd Bauer – 69 Jahre alt – formuliert sehr schön:

> Mit 50 ist man im Heute angekommen [...]. Früher hat man in die Zukunft gelebt – dann aber lebt man im Tag. Und man muss immer darauf achten, nicht ins Gestern zu verfallen. Diese Zeit ist die spannendste des Lebens.

Ein schönes Beispiel für die falschen Vorstellungen, die wir alle uns vom Alter gemacht haben, als wir noch jung waren, ist die folgende Anekdote. Die große englische Lyrikerin Christina Rossetti enttäuschte im 19. Jahrhundert die Vorurteile einer jungen Verehrerin. Die junge Frau erwartete in der berühmten Dichterin die Verkörperung romantischer Melancholie zu finden. Auf ihre entsprechende Bemerkung antwortete die 54jährige: „Ich war ein sehr melancholisches Mädchen; aber jetzt bin ich eine sehr fröhliche alte Frau."

Die Fröhlichkeit, die Ausgeglichenheit und die Zufriedenheit, die das mittlere Alter mit sich bringt, oder doch zumindest das Potenzial hat, mit sich zu bringen, wenn es uns denn gelingt, uns mit den Veränderungen auszusöhnen, scheinen mir auch eine Folge dessen zu sein, dass nicht mehr ständig jemand an uns herumzupfelt. Weder Kinder noch (Ehe)Männer. Die fehlende ständige

Inanspruchnahme durch andere ist sicherlich einer der Gründe, weshalb die Abwesenheit von Ärger ein ganz wesentlicher Teil des Alleinseins ist. Sicher, frau ärgert sich schon einmal über einen unfreundlichen Nachbarn, dass sie den Bus verpasst hat, das Geschäft schon geschlossen hat und ähnliches mehr. Aber solche Ärgernisse sind natürlich Kleinkram. Diese Art Ärger berührt nicht wirklich, sie trifft nicht da, wo es weh tut. Da kann frau leicht gelassen sein. Natürlich werden unsere Kräfte irgendwann einmal nachlassen, dann, wenn wir statt älter richtig alt werden, aber noch ist es nicht soweit, und bis dahin sollten wir uns noch eine ganze Reihe wunderbarer Jahre machen. Ich bin auch davon überzeugt, dass, wenn es uns gelingt, das Älterwerden in der Lebensmitte positiv anzunehmen, das wirkliche Altwerden später nicht mehr ganz so schwierig sein wird.

Es ist nicht nur bedauerlich, es ist auch dumm, dass unsere Gesellschaft das enorme Potenzial an Lebenserfahrung, das wir Mittelalten zu bieten haben, nicht zu schätzen weiß. Die Mehrheit der ArbeitgeberInnen scheint nicht zu erkennen, worauf sie verzichten. Sicherlich gibt es auch Menschen in unserem Alter, die erschreckend eingefahren sind. Aber es gibt auch viele junge Menschen, die das schon sind. Wie wir alle wissen, wird manch eine und einer alt geboren. Irgendwo habe ich einmal gehört oder gelesen, dass es besser sei, alt zu sein und jung auszusehen, als jung zu sein und alt auszusehen. Ich würde dem Spruch gerne hinzufügen wollen, dass es am allerbesten ist, zu dem Alter, in dem wir uns gerade befinden, zu stehen.

Frauensolidarität

Wenn Frauen Frauen helfen, helfen sie sich selbst.
Wilhelmina Cole Holladay

Bevor ich im nächsten Kapitel auf die bereits angeschnittene Bedeutung von Freundinnen und Freunden im Detail eingehe, muss ich noch ein Kapitel über die Solidarität zwischen Frauen einschieben. Was das mit dem Thema dieses Buches zu tun hat? Sehr, sehr viel, denn es steht für mich außer Frage, dass unser seelisches Wohlbefinden zwingend die Aussöhnung mit dem eigenen Geschlecht voraussetzt. Aussöhnung? Sind wir uns denn Feind? Ja, leider. Viele, viel zu viele Frauen betrachten einander misstrauisch als potentielle Konkurrentinnen und behandeln einander entsprechend. Sie erwarten von anderen Frauen nichts anderes als Neid, Missgunst, Intrigen, Bösartigkeiten. Frauen im allgemeinen sind ihrer Meinung nach überwiegend ‚stutenbissig', ein Wort, bei dessen bloßem Klang sich mir die Nackenhaare hochstellen. Möglicherweise weil ich vor meinem geistigen Auge die Szenen bildlich sehe, von denen das Wort seinen Ursprung herleitet: In der Paarungszeit von Pferden – und nur in dieser Zeit – schlagen sich die Stuten um einen paarungswilligen Hengst. In der Tierwelt mag das aus diversen Gründen seinen Sinn haben, unter Frauen halte ich das für völlig deplaziert.

Ein ganz wichtiger Aspekt ist dabei noch herauszustellen: Frauen, die andere Frauen als ‚stutenbissig' bezeichnen, meinen damit immer nur die anderen. Mir ist noch nie eine Frau begegnet, die so ehrlich mit sich gewesen wäre, sich selbst so zu bezeichnen. Diese Frauen überlegen nicht, ob sie selbst mit so einer Grundeinstellung vielleicht ursächlich daran beteiligt sein könnten, wenn eine andere Frau ihnen dann wie erwartet bissig begegnet. Von einer Prophezeiung, die sich selbst erfüllen muss, scheinen sie noch nicht gehört zu haben.

Wie aber kommen so viele Frauen zu der Überzeugung, dass Frauen mit Frauen nicht zurechtkämen? Zum einen dürfte es in früheren Jahren durchaus seine Berechtigung gehabt haben, mit allen Mitteln um einen potentiellen Ehemann zu kämpfen. In einer Gesellschaft, in der Frauen finanziell und sozial von einem Ehemann abhängig waren, blieb den Frauen kaum etwas anderes übrig. Da das in der modernen Bundesrepublik aber kaum noch der Fall ist, kann das keine Entschuldigung mehr für zickiges Verhalten anderen Frauen gegenüber sein.

Die zweite Ursache liegt mehr auf psychologischer Ebene, und es ist daher schwieriger, sie hinter sich zu lassen. Man hat uns auseinanderdividiert nach dem System ‚teile und herrsche' – und zu unserer Schande sei gesagt: Es hat funktioniert. Häufig funktioniert es heute noch. Früher wurde vor allem die Heilige gegen die Hure ausgespielt oder die Schönheit gegen die Unscheinbare. Heute ist die Auswahl der vermeintlich unüberbrückbaren Gegensätze, die uns trennt, breiter geworden, was das Problem aber keineswegs verringert. Heute sind es die Ehefrau gegen die Alleinstehende, die Mutter gegen die Kinderlose, die Berufstätige gegen die Hausfrau, die Junge gegen die Ältere oder die künstlich Verschönerte gegen alle, die sich weigern, der Natur ins Handwerk pfuschen zu lassen.

Ich halte es für ganz wichtig, den Mechanismus, der hinter diesem Auseinanderdividieren steht, zu durchschauen. Überlegen Sie doch einmal, was für eine ungeheure Macht wir Frauen wären, wenn wir uns einig wären! Schließlich stellen wir 52 Prozent der Weltbevölkerung. Wir wären die Mehrheit! Überall und immer. Da würde mir auch angst und bange werden, wenn ich männlich wäre. Da würde ich mir auch überlegen, welcher Mechanismus wirksam sein könnte, um diese ungeheure Macht davon abzuhalten, sich einig zu sein – denn Einigkeit macht ja wirklich stark.

So sehr ich es begrüßen würde, wenn Frauen in dieser von Männergewalt beherrschten Welt das Heft weit und breit in die Hand nehmen würden, so ist doch die Weltrevolution hier nicht mein Thema. Was aber sehr wohl mein Thema ist, ist die Zufriedenheit von Frauen ab einem gewissen Alter. Es steht für mich außer Zweifel, dass zur Zufriedenheit eines jeden Menschen gehört, das eigene Geschlecht positiv anzunehmen. Das ist für keine Frau einfach; das kann in dieser Welt, in der der Mann – ohne irgendeine Qualität vorweisen zu müssen – mehr gilt als die Frau, gar nicht einfach sein. Wie aber soll es gelingen, sich als Frau positiv anzunehmen, wenn ich andere Menschen meines Geschlechts nicht positiv annehme? Oder andersherum: Nur wenn ich Frauen grundsätzlich positiv sehe, kann es gelingen, auch mich selbst positiv zu sehen.

Kann ich da Ihren Einwand hören, dass es reichlich selbstbewusste Frauen gibt, die mit sich sehr zufrieden sind, ohne andere Frauen besonders zu mögen, ja vielleicht sogar besonders nicht zu mögen? Der Einwand ist berechtigt, aber er widerlegt meine Behauptung nicht. Diese Frauen definieren sich männlich. Sie halten sich für die Ausnahme anstatt für die Regel. Sie machen den täglichen Spagat, biologisch eine Frau zu sein, aber sozial aufgrund ihrer sogenannten männlichen Qualitäten anerkannt werden zu wollen. Es kann mir niemand einreden, dass diese Spaltung für die Psyche gut sein kann.

Aus diversen Gründen verstehe ich etwas von Bibliotheken. Nach meinem ersten Besuch der Bibliothèque

Nationale in Paris überraschte ich einen mir bekannten Architekten mit meiner detaillierten und begründeten Kritik an dem Neubau. Am Ende der Diskussion beschied er mir einen männlichen, weil analytischen Verstand. Während mir zig Gedanken dazu durch den Kopf schossen, erwiderte ich nichts. Zu komplex sind diese Zusammenhänge, als dass ich mich in der Lage sah, sie rasch einem gänzlich Uneingeweihten zu erklären. Das muss sich in meinem Gesicht widergespiegelt haben, denn er fühlte sich bemüßigt, hinzuzufügen, dass er das als Kompliment gemeint habe.

Das kann er als Mann ruhig so sehen, aber das kann für mich als Frau kein Kompliment sein. Ich bin als klar denkende Frau nicht die Ausnahme, die es adelt, ehrenhalber mit einem Mann verglichen zu werden. Ich bin nicht zuletzt gerade deswegen gut, weil ich eine Frau bin. Falls es Ihnen an dieser Überzeugung mangelt, wäre es vielleicht eine gute Idee, sich das als Leitspruch an den Spiegel zu heften. Als Frau gut zu sein, heißt, neben sogenannten männlichen Qualitäten auch all diejenigen, die wir allgemein als weiblich bezeichnen, herauszulassen und dazu zu stehen.

Glauben Sie nicht, ich wäre mit diesem strotzenden weiblichen Selbstbewusstsein auf die Welt gekommen; oder meine Familie habe das in meiner Jugend tatkräftig oder auch nur wohlwollend unterstützt. Möchten Sie wissen, was einer meiner Großväter gesagt hat, als er in meiner Jugend zu der Erkenntnis kam, dass seine einzige Enkelin intelligenter sei als seine verschiedenen Enkel? „Was für eine Verschwendung!“

Solidarität mit unseren Geschlechtsgenossinnen ist im Interesse von uns allen und im Interesse jeder einzelnen von uns sowohl außerordentlich wichtig als auch eine ungeheuer befruchtende, schöne Bereicherung unseres

Lebens. Einmal angenommen, Sie gehören zu den Frauen, die dazu neigen, ihr eigenes Geschlecht negativ zu beurteilen, und die ein schlechtes Verhältnis zu anderen Frauen für normal halten. Dann möchte ich Sie ganz herzlich und ganz dringend dazu auffordern, damit aufzuhören, Männer per se durch die rosarote Brille zu sehen und Frauen durch die extrem kritische. Bitte machen Sie sich klar, dass es keineswegs normal ist, das eigene Geschlecht so abzuwerten. Das ist weder zwangsläufig noch natürlich; es zeugt weder von eigenem Selbstbewusstsein noch von klarem Durchblick. Machen Sie sich auch klar, dass Ihre rosarote Sicht auf Männer sehr viel damit zu tun hat, dass es sich bei ihnen (für die allermeisten von uns) um potentielle Sexual- und/oder Lebenspartner handelt. Paarungswillige Stuten lassen schön grüßen.

Bemühen Sie sich vor allem aktiv um ein besseres Verhältnis zu Frauen. Das schließt selbstverständlich das zur eigenen Mutter und ggf. zu den eigenen Schwestern mit ein. Ich möchte Sie auch bitten, sich zu überlegen, ob Sie nicht vielleicht mit Ihrem eigenen Verhalten dazu beitragen, die Prophezeiung, dass Frauen nicht mit Frauen können, immer wieder sich selbst erfüllen zu lassen. Damit will ich sagen, wer einer anderen Frau schon mit solchen Vorurteilen behaftet entgegentritt, die darf sich wirklich nicht wundern, wenn die andere ihr entsprechend begegnet. Tritt dieser Fall ein, ist es unangebracht und eine grobe Verkennung von Ursache und Wirkung hinterher zu sich zu sagen: Siehste, Frauen sind eben so, das habe ich ja gleich gewusst!

Ich finde es ganz und gar beschämend, dass mehrere Studien zu dem Schluss kommen, selbstbewusste Frauen kämen beim eigenen Geschlecht nicht gut an; oder dass jede zweite Arbeitnehmerin einen männlichen Chef bevorzugt. In Frankreich wünschen sich ganze 2,7 Prozent der Frauen eine Chefin. Frauenrivalität und Frauenhass, die ForscherInnen immer wieder feststellen müssen, gehören von jeder einzelnen von uns täglich bekämpft. Und zwar nicht etwa bei der anderen, sondern bei uns selbst. Der indische Politiker Nehru soll einmal gesagt haben: „Ich wünschte, wir alle würden den Gedanken aufgeben, andere Menschen zu bessern, und stattdessen lieber uns selbst bessern." Erfreulicherweise stellte eine Journalistin im Jahre 2002 fest, dass Frauen untereinander solidarischer geworden seien. „Der Ton zwischen Hausfrauen und Karrierefrauen klingt mittlerweile versöhnlich", meint sie.

Noch ein anderer Aspekt ist mir in diesem Gesamtzusammenhang ganz wichtig: Erzählen Sie sich und anderen nicht, Sie hätten als Frau in unserer Männergesellschaft noch nie Probleme gehabt und brauchten deshalb keine weibliche Solidarität! Solche Überzeugungen belegen weiter nichts als die Unfähigkeit – oder den Unwillen –, genau hinzugucken oder das Beobachtete zu analysieren. Sie können auch damit zusammenhängen, dass die Betreffende noch nie versucht hat, die uns als Frau in dieser Gesellschaft gesetzten Grenzen zu überschreiten. Wer gar nicht versucht, Karriere zu machen und männliche Konkurrenten tatenlos an sich vorbeiziehen lässt, die kann leicht behaupten, im Berufsleben nie behindert worden zu sein. Wer von ihrem Partner nicht verlangt, dass er seinen Teil der Haus- und Familienarbeit übernimmt, kann ruhigen Gewissens behaupten, keine Schwierigkeiten im familiären Bereich zu haben. Wer über Witze, die andere Menschen auf unsere Kosten machen, herzlich lacht, kann zwar behaupten, sich nicht diskriminiert zu fühlen, widerlegt damit aber keineswegs, dass ihr Geschlecht diskriminiert wird. Wer es für normal hält, dass Kollegen ihr ständig im wahrsten Sinn des

Wortes zunahetreten, die hat noch einen weiten Weg bis zur weiblichen Selbstbestimmung zurückzulegen. Und wer das Kopftuch der Musliminnen verteidigt, weil wir in der Bundesrepublik ja ach so liberal sind, der fehlt die klare Sicht auf die Ursache für das, was Frauen in anderen Ländern in noch viel schärferem Maße als bei uns täglich mitzumachen haben: einzig und allein weil sie Frauen sind.

Nun habe ich Sie in meinem Eifer vielleicht vor den Kopf gestoßen. Wie Sie bemerkt haben werden, ist das ein Punkt, der mir sehr unter die Haut geht. Darf ich Sie daher einmal mehr bitten, über das Gesagte in Ruhe nachzudenken. Danach, so hoffe ich, werden auch Sie zu der Überzeugung kommen, dass Solidarität mit unserem eigenen Geschlecht zu unserer grundsätzlichen Lebenshaltung werden sollte; und das wahrlich nicht nur im Interesse der anderen. Wenn wir uns um Solidarität miteinander bemühen, berührt das täglich unser ganz normales Leben. Gleichzeitig aber sprengt gelebte Solidarität den Rahmen unseres kleinen, eigenen, täglichen Lebens.

Bei dem Bemühen, aktiv zu einer solidarischen Frauengemeinschaft beizutragen, ist es entscheidend, wie ich einer anderen Frau entgegentrete. Eine Freundin, die meinen Ärger über die per se von Frauen anderen Frauen unterstellte Feindschaft teilt, macht immer wieder die Erfahrung, dass Frau ihr sehr positiv begegnet, wenn sie als erste positiv auf die andere zugegangen ist. Wie du in den Wald rufst, pflegte schon meine Großmutter zu sagen, so schallt es zurück, allerdings meinte sie damit nicht nur Frauen. Es ließe sich auch formulieren, dass die Freundin ihrem Gegenüber schon durch ihr Auftreten den Wind aus den Segeln nimmt, das heißt, sie signalisiert schon beim ersten Aufeinandertreffen, dass alle Vorurteile über Frauen als Konkurrentinnen auf sie nicht zutreffen. Damit hat sie die allerbesten Erfahrungen gemacht.

Und nicht nur sie. Auch ich habe nur in Ausnahmefällen Schwierigkeiten mit anderen Frauen und führe das darauf zurück, dass ich sie grundsätzlich schätze und diese Überzeugung natürlich auch ausstrahle. Versuchen Sie es einmal damit! Nein, nicht einmal, versuchen Sie es immer wieder. Lassen Sie sich nicht abschrecken. Reagieren Sie nicht beleidigt, wenn auf der anderen Seite erst einmal abgewartet wird, was von Ihrer Freundlichkeit zu halten ist. Vielleicht gehört Ihr Gegenüber auch zu den Frauen, die daran glauben, dass Frauen der Frauen natürlicher Feind seien. Aber das lässt sich mit Beharrlichkeit ändern.

Lassen Sie mich zum letzten Mal wiederholen: Wertschätzung von und Solidarität mit anderen Frauen ist eine Grundvoraussetzung für weibliches Selbstbewusstsein. Das wiederum ist eine Grundvoraussetzung für ein zufriedenes Leben im Einklang mit sich selbst. Deshalb ist jede einzelne Frau dringend und ständig gefordert, die uns anerzogene Feindschaft zu anderen Frauen zu überwinden. Wert ist es der Bemühung allemal, denn Frauensolidarität und Frauenfreundschaft sind etwas Wunderbares. Mir gibt das Zusammenarbeiten und Zusammensein mit anderen Frauen immer wieder sehr viel positive Energie. Und nicht nur mir. Kürzlich fuhren wir zu vier Frauen mit dem Zug von einem Arbeitstreffen nach Hause. Wir bestiegen ein Abteil, in dem bereits eine andere Frau in mittleren Jahren saß. Wir vier unterhielten uns so lebhaft miteinander, dass ich mehrmals bei mir dachte, die arme Frau würde sicherlich das Abteil wechseln, um ihre Ruhe zu haben. Als sie sich nach zwei kompletten Stunden fertigmachte, den Zug zu verlassen, verabschiedete sie sich von uns mit den Worten: „Ich habe Ihre positiven Energien sehr genossen!“

Die Überwindung von Frauenfeindschaft dürfte aus zwei Gründen nicht so schwerfallen. Erstens weil bei genauerem Hinsehen das Gemeinsame stärker ist als das Trennende. Egal in welchem Teil der Welt wir auch wohnen mögen, egal in welchen Zusammenhängen wir leben und wie alt wir sind, wir sitzen in einem Boot. Wir alle gehören in dieser Welt zu dem Geschlecht, das Simone de Beauvoir richtungweisend als das zweite bezeichnet hat, womit sie schon in der Wortwahl hat deutlich machen wollen, welches Geschlecht das in jeder Beziehung erste ist.

Lange vor diesen theoretischen Überlegungen der berühmten Französin hat eine nicht berühmte Engländerin namens Mary Carbery in eindringlichen Worten beschrieben, was die Erkenntnis für das viktorianische Mädchen, kein Junge zu sein und kein Mann werden zu können, für sie bedeutete:

> Ich hatte mich darauf gefreut, ein Junge zu sein und dann ein Mann. Ich fühlte mich so stark und so fähig, Schwächere zu führen und zu schützen. Und jetzt für immer zurückgesetzt zu sein mit den Frauen dieser Welt, Großmütter, Tanten, Gouvernanten, Krankenschwestern, Hausmädchen, Schneiderinnen, Waschfrauen, Gemeindeschwestern: alle berockte Menschen, mit Angst vor einer Maus.

Vieles hat sich seit dieser Zeit getan. Es gibt heutzutage kaum noch Berufe, die Frauen nicht ausüben. Und doch werden wir immer noch allgemein als das zweite Geschlecht angesehen, und das hat Konsequenzen, die uns vereinen. Uns allen werden gewisse Fähigkeiten abgesprochen, während die uns eigenen Fähigkeiten als weniger wertvoll gelten; uns allen wird weniger aufmerksam zugehört, wenn wir etwas zu sagen haben; wir alle werden vom anderen Geschlecht um unsere Gebärfähigkeit beneidet und daraus erwächst für uns alle viel Ungutes; wir alle werden nicht so sehr als Menschen denn als Lustobjekte betrachtet; wir alle sind prinzipiell für das Wohlergehen unserer Kinder verantwortlich, was zur Folge hat, dass wir alle einen Spagat zwischen Berufstätigkeit und Familienarbeit machen müssen, einem Spagat, von dem die allermeisten Männer lebenslang verschont bleiben. Und schließlich sind wir alle potentiell männlicher Gewalt ausgesetzt.

Die Gemeinsamkeiten betreffen aber auch ganz alltägliche Dinge. Am Abend nach einem anstrengenden Tag saßen die Teilnehmerinnen und Teilnehmer einer internationalen Konferenz in den Niederlanden gemütlich in einem Restaurant beisammen. Zufällig saßen neben mir eine junge Frau aus der Türkei und eine Griechin mittleren Alters. Die junge Türkin war in Begleitung ihres Ehemanns, der uns dreien an der langen Tafel gegenübersaß. Als er im Laufe des Abends merklich zuviel trank, bemühte sich die junge Frau, ihn davon abzuhalten. Beides – das Trinken ihres Mannes und ihr eigenes Bemühen, es zu verhindern – war ihr sichtlich peinlich uns Tischnachbarinnen gegenüber. Aber wir konnten ihr leicht das Gefühl der Scham für ihren Mann nehmen, indem wir ihr bedeuteten, dass auch in unseren so anderen Ländern Ehemänner dazu neigen, zuviel zu trinken, und Ehefrauen, sie zu bremsen. Das ist eine Kleinigkeit nur, sicher. Aber aus solchen Kleinigkeiten besteht das Leben mehr als aus den großen Katastrophen.

Der zweite Grund, weswegen es nicht schwerfallen dürfte, die uns anerzogene Feindschaft zu anderen Frauen zu überwinden, ist gleichermaßen ein wesentlicher Grund dafür, mit ihnen Freundschaften zu schließen. Darum beende ich jetzt hier meinen Appell, um nicht zu sagen mein Hohelied auf Frauensolidarität und wende mich Freundschaften zu.

Freundinnen und Freunde

Wenn ich keine FreundInnen habe, dann habe ich gar nichts.
Billie Holiday

Wie ich schon sagte, ist der Mensch ein soziales Wesen, was bedeutet, sie und er braucht andere Menschen. Menschen – Mehrzahl, nicht Einzahl! Ich betone das, weil viel zu viele Menschen ihren Freundeskreis vernachlässigen, sobald sie einen Partner oder eine Partnerin gefunden haben, ein Phänomen, das wir sicherlich alle kennen. Später wundern sich die Betreffenden dann, wenn sie nach einer Trennung allein – hier ausnahmsweise im Sinne von einsam – übrigbleiben. Manche Menschen fühlen sich zu diesem Zeitpunkt, an dem sie Freundinnen und Freunde dringend benötigen würden, nicht genügend von ihnen betreut. Dabei vergessen sie, wie wenig sie zuvor zur Erhaltung der Freundschaft beigetragen hatten. Um FreundInnen muss der Mensch sich schon kümmern. Aber sie sind der Mühe Wert, weil sie in der Lage sind, einen einzigen Partner vollständig zu ersetzen. Umgekehrt funktioniert es hingegen nicht, was heißen soll: Ein einziger Partner ist nicht in der Lage, FreundInnen zu ersetzen, eine Partnerin natürlich auch nicht.

Die schon zitierte Therapeutin Maria Theresia Jung erlebt gerade Frauen in ihrer Praxis „oft als seelisch unendlich hungrig“. Sie weist darauf hin, dass die vielen Körper- und Essstörungen eine beredte Sprache dazu sprechen. Und wer, so fragt sie sich, oder

> [w]as rettet Frauen oft vor dem seelischen Verhungern? Das sind die Freundinnen. Frauen geben einander ganz oft ‚die Arznei der Liebe'. Wieviele Ehen würden zerbrechen, wenn die Unterstützung und der Trost der Freundin nicht wäre! Die Bedeutung von Frauenfreundschaft wird jedoch in der patriarchalen Gesellschaft ignoriert und geleugnet, und wir Frauen machen da oft leider mit. […] Wir müssen lernen, auch hier unsere patriarchalische Abwertung abzulegen und unsere Frauenbeziehungen ernstzunehmen, sie zu schützen.

Ich kann Frau Jung nur voll und ganz zustimmen. Frauenfreundschaften sind auch in meinem Leben immer ein ganz wesentlicher Bestandteil gewesen, und ich möchte sie auch Ihnen sehr ans Herz legen.

Damit komme ich zurück auf den zweiten Grund, aus dem es uns ganz leicht fallen sollte, aufeinander zuzugehen, einander zu mögen, miteinander Freundschaften zu schließen: Frauen sind in aller Regel die interessanteren Menschen. Als ich diese Überzeugung vor Jahren das erste Mal im Beisein einer 14jährigen äußerte, war die merklich überrascht. Sie war gerade in dem Alter, in dem nichts so interessant ist wie die eigene erwachende Sexualität und infolgedessen niemand so wichtig wie das andere Geschlecht. Da sie mich aber mochte und meine Einstellungen im Prinzip für gut befand, gaben ihr meine Worte sichtbar zu denken.

Nun ist es aber beileibe nicht so, dass nur ganz junge Frauen dem Irrglauben anhängen, Männer seien die interessanteren Menschen. Schätzungsweise zur selben Zeit, da ich das Gespräch mit dem Teenager führte, gelang es mir auch, eine wesentlich ältere Frau nachdenklich zu stimmen. Der attraktiven Mittdreißigerin erzählte ich ebenfalls von meiner These, dass Frauen im allgemeinen die interessanteren Menschen seien. Dem widersprach sie energisch, was nach meiner Erfahrung keine untypische Reaktion ist. An folgendem Beispiel wollte ich meine Behauptung belegen: Ich fahre im Zug von Düsseldorf nach München; neben mir sitzt eine Frau; spätestens in Köln haben wir ein höchst anregendes Gespräch über zig Dinge, die uns beide ernsthaft beschäftigen. Dann noch einmal die gleiche Situation, aber neben mir sitzt ein Mann. Auf der ganzen Fahrt von Düsseldorf nach München sagt der genau einen Satz und den auch nur, wenn ich Glück habe, nämlich: „Kann ich mal vorbei?“ Meine Gesprächspartnerin gab einerseits lachend zu, dass ihr beide Situationen durchaus vertraut seien, erzählte aber andererseits von einer tatsächlichen Begegnung mit einem Mann in einem Zug, die äußerst amüsant und interessant verlaufen war und die scheinbar meine Behauptung widerlegte.

Es war nicht schwer herauszufinden, was die Ursache für die positive Erinnerung meiner Freundin an das Gespräch war: Die beiden hatten miteinander geflirtet. Nicht, dass es irgendetwas daran auszusetzen gäbe, mit einem fremden Mann zu flirten. Nur hat das nicht das Geringste damit zu tun, ob der betreffende Mann als Mensch interessant ist. Der Unterton eines Flirts ist latente Sexualität, also gegenseitige körperliche Anziehung. Die lässt – wie aus den Wolken fallend – die rosarote Brille auf unserer Nase landen. Vielleicht ist der Blick nach oben hier völlig falsch und hätte ich zutreffender formulieren sollen, dass der rosarote Dunst von unten zwischen den Beinen her hochsteigt. Aus diesem Grund kann Frau nur in den Fällen, in denen latente Sexualität aus welchen Gründen auch immer nicht gegeben ist, wirklich feststellen, ob der fremde Mann als solcher tatsächlich interessant ist. Häufig stellt Frau dann eben fest, dass die männliche Bekanntschaft – im Gegensatz zur weiblichen – es nicht ist. Nach einer gewissen Zeit des Nachdenkens, in der die Freundin verschiedene Begegnungen mit Frauen und mit Männern vor ihrem geistigen Auge Revue passieren ließ, gab sie zu, dass ich da durchaus Recht haben könnte.

Das scheint auch der soziologische Zukunftsforscher Matthias Horx so zu sehen. Er hält Männer im allgemeinen für fauler, langsamer, unsozialer, ungebildeter und mit weniger emotionaler Intelligenz ausgestattet. Eine junge Doktorandin kommt zu dem Schluss, Frauen seien krisenfester und – für mich ganz wichtig – besser in der Lage, über sich selbst zu lachen. Der ehemalige Arbeitgeberpräsident Hans-Olaf Henkel soll einmal gesagt haben, Männer seien intriganter als Frauen. Obwohl der Mann damit allen gängigen Vorurteilen widerspricht, wird wohl niemand daran zweifeln wollen, dass er weiß, wovon er spricht. Dasselbe Vorurteil behauptet ja auch, Kolleginnen würden sich sehr viel mehr bekriegen als Kollegen. Dem müsste – wenn die Herren denn ehrlich wären – nicht nur Henkel widersprechen. Ein Großteil der Unterhaltungen der Männer in meinem Bekanntenkreis handelt davon, wer an ihrem Arbeitsplatz welchem Kollegen oder Vorgesetzten auf welche Weise an dessen Stühlchen sägt.

Es ging mir darum, Sie mit der Aufzählung weiblicher Vorteile zumindest dazu zu bewegen, meine Behauptung, dass Frauen die interessanteren Menschen seien, einmal in der Realität zu überprüfen – unterstellt, dass Sie zu den Frauen gehören, die an das Vorurteil über die interessanteren Männer glauben. Denn wieder gilt: Bitte lösen Sie Ihre Denksperren. Übernehmen Sie nicht unhinterfragt die uns anerzogene grundsätzliche Wertschätzung des männlichen und grundsätzliche Herabsetzung des weiblichen Geschlechts. Gewöhnen Sie sich bitte an, stets zu überprüfen, was als naturgegeben verkauft wird. Sie berauben sich so vieler Chancen, wenn Sie sich durch vermeintlich allgemeine Überzeugungen von was auch immer abhalten lassen. Der kluge, leider inzwischen verstorbene Peter Ustinov soll gesagt haben: „Gedanken sind wie Gemüse. Wenn man sie nicht frisch hält und erneuert, verfaulen sie und werden zu Vorurteilen." Sich das bewusst zu machen, ist der erste Schritt zu einer Veränderung.

Vor langen Jahren beschloss meine viel jüngere Schwester nach dem Abitur zu spät, doch noch eine Lehrstelle als Buchhändlerin zu suchen und wandte sich hilfesuchend an mich. Jeder Mensch in ihrem Bekanntenkreis hatte ihr versichert, dass der Zeitpunkt längst überschritten sei, an dem sie erfolgreich eine Lehrstelle hätte finden können. Solche Behauptungen bringen mich sofort in Rage, und darum sagte ich ihr, erst wenn sie 20, 30 Buchhandlungen in der Gegend versucht habe, und sie alle ablehnten, wäre ich bereit zu akzeptieren, dass die Leute Recht hätten. In kürzester Zeit hatte sie die Wahl zwischen den zwei führenden Buchhandlungen in unserer Stadt.

Vor nicht so langer Zeit überlegte eine Mittvierzigerin nach den Kindererziehungsjahren wieder in den Beruf zurückzukehren, hielt es aber in ihrem Alter für aussichtslos. Ich sagte wieder mein Sprüchlein auf – sie schickt eine Bewerbung ab, bekommt die Stelle und ist seitdem sehr zufrieden dort.

Ich bin vielleicht ein bisschen weit abgekommen vom Ausgangspunkt meiner Überlegungen. Die Parallele, die ich ziehen, den Punkt, den ich machen wollte, ist der, sich natürlich immer anzuhören, was andere Menschen zu sagen haben, aber sich stets offenzuhalten für die Überraschung, dass das Gesagte einer Überprüfung nicht standhalten könnte oder dass wir für uns persönlich zu anderen Schlüssen kommen. Vielleicht kommen Sie also nach der persönlichen Überprüfung meiner Behauptung, dass Männer im allgemeinen die weniger interessanten Menschen seien, zu der Überzeugung, dass ich da irre. Aber Sie müssen den Frauen erst eine ehrliche Chance geben, Ihnen das Gegenteil zu beweisen.

Es versteht sich hoffentlich von selbst, dass ich auch hier wie immer nur die Mehrheit meine. Natürlich gibt es auf beiden Seiten reichliche Ausnahmen. Ich kenne entsetzlich langweilige und/oder unsympathische Frauen und hochinteressante und/oder sympathische Männer. Wenn Sie die letztgenannte Sorte in Ihrem Verwandten- oder Freundeskreis haben, halten Sie sich die Männer um Himmelswillen warm. Selbstverständlich sind sie eine Bereicherung des Lebens und eine willkommene dazu.

Nun möchte ich Ihnen noch andere Menschen als mögliche Freunde von Frauen ans Herz legen: schwule Männer. Von Ausnahmen abgesehen, sind Frauen und schwule Männer natürliche FreundInnen. ‚Natürlich' deshalb, weil die Gemeinsamkeiten überwiegen.

Im vergangenen Jahr hatte ich einen jungen schwulen Italiener zu Gast, der in einem unserer angeregten Gespräche ausführte, wie sehr er bedauerte, keine heterosexuellen Männer als Freunde zu haben. Er war etwas pikiert über meine Erwiderung, dass ich das deshalb nicht für verwunderlich hielt, weil Schwule und Frauen sich viel ähnlicher seien als schwule und heterosexuelle Männer. Um ihm zu erklären, was mich zu dieser Behauptung brachte, erzählte ich ihm von dem schwulen Freundespaar, bei dem ich gerade ein Wochenende verbracht hatte. Unter anderem hatten wir über einen gemeinsamen heterosexuellen Bekannten gesprochen. Einer meiner Freunde bekundete, er fände den ja durchaus nett, aber er wisse einfach nicht, worüber er mit ihm reden solle, da sie keine gemeinsamen Interessen hätten. Genau das ist der Punkt, und im Gegensatz dazu haben Schwule und Frauen reihenweise gleiche Interessen und sind sich in vielem ähnlich. Das ist nicht besonders verwunderlich, ließe sich doch argumentieren, dass Schwule – aus welchen Gründen auch immer – in der Lage sind, ihre weiblichen Anteile auszuleben, während heterosexuelle Männer in unserer Gesellschaft geradezu darauf getrimmt werden, diese nur ja zu unterdrücken.

Ein paar solcher Gemeinsamkeiten zwischen Frauen und Schwulen, die gemeinhin als sogenannte weibliche Eigenschaften gelten, sind z. B.: Wir interessieren uns für Menschen, wir sind im besten Sinne neugierig, offen und aufgeschlossen, wir gehen gerne zu kulturellen Veranstaltungen aller Art, wir bekochen gerne Gäste, wir richten unser Heim schön ein, wir legen Wert auf unser Äußeres, wir erzählen von uns selbst, wir reden mit Freundinnen und Freunden über Intimes, wir geben ein Stück von uns preis, wir geben zu, wenn wir Probleme haben, wir müssen nicht immer den dicken Maxe markieren.

Ich verdanke meinen verschiedenen schwulen Freunden eine ganze Reihe grundlegender Einsichten und Erkenntnisse über Männer und Frauen. In diesem Zusammenhang ist es Zeit, auch an lesbische Frauen zu denken, denn auch meinen lesbischen Freundinnen verdanke ich viele Einsichten. Wenn es einen interessiert, geschlechtstypischen Verhaltensweisen auf die Spur zu kommen, dann ist es äußerst aufschlussreich zu beobachten, wie Frauen ihr Leben mit Frauen und Männer ihr Leben mit Männern gestalten. Überhaupt ist es immer empfehlenswert, über den Tellerrand zu schauen. Das betrifft Menschen anderer sexueller Orientierung ebenso wie Menschen anderen Alters, anderer Herkunft oder anderer Überzeugungen.

Eine Freundin, die seit langen Jahren in zwei getrennten Wohnungen mit demselben Mann zusammen ist, findet, Frauen bräuchten vier Männer: einen für das Intellektuelle, einen für das Kulturelle, einen für den Sex und einen für die Liebe. Ich bin da gar nicht ihrer Meinung, denn es gibt keinen stichhaltigen Grund, warum diese Bereiche nicht ebenso gut – häufig besser – von Frauen abgedeckt werden könnten. Für gute Gespräche sind Frauen geradezu prädestiniert, und für das Kulturelle interessieren sie sich in aller Regel mehr als Männer. Was den Sex unter Frauen angeht, muss ich zugeben, dass ich persönlich nichts davon verstehe, aber ich sehe nicht den geringsten Grund, daran zu zweifeln, dass das schön sein kann. In einer Zeit in meinem Leben, in der ich die Partnerschaft mit einem Mann als besonders belastend empfand, habe ich sehr bedauert, nicht lesbisch veranlagt zu sein, in dem Sinn, dass ich mich körperlich nicht von einer Frau angezogen fühlte. Inzwischen – um ein paar Jahre Erfahrung und Gedanken reifer – bin ich sehr im Zweifel, ob wir Menschen qua Natur überhaupt in eine Richtung veranlagt sind. Ob wir nicht eher alle bisexuell auf die Welt kommen, und nur die Sozialisation die allermeisten von uns auf Sex mit nur einem Geschlecht festlegt. Ich selbst hätte mich bis zum intensiven Kontakt mit lesbischen Frauen in meinen 40ern nicht gewagt, auch nur darüber nachzudenken, ob Frau ihr Bett zwangsläufig mit einem Mann teilen muss. Wiederum ein paar Jahre, Erfahrungen und Gedanken später bin ich soweit zu bezweifeln, ob Frau ihr Bett überhaupt mit jemandem teilen sollte.

Schließlich, so findet die zitierte Freundin, brauche Frau noch einen Mann für die Liebe, und wiederum bin ich nicht ihrer Meinung. Es wird dringend Zeit, den Begriff ‚Liebe‘ umfassender zu verwenden als für das enge und einengende Gefühl innerhalb einer Zweierbeziehung. Zumindest sollten wir zugeben, dass es mehrere und verschiedenartige Formen von Liebe gibt und geben sollte. In unserem Kulturkreis halten wir es für normal, dass der Mensch neben seinem (Ehe)Partner seine Eltern und Großeltern, seine Geschwister und seine Kinder liebt. Auch die Liebe zu Tieren wird bei uns allgemein akzeptiert. Jesus Christus ging sogar soweit, von uns allgemein die Liebe zu unseren Nächsten zu verlangen.

Hier sehen wir, wie unterschiedlich das, was wir als ‚Liebe' bezeichnen, sein kann. Ich glaube nicht, dass Christus damit gemeint hat, unsere Liebe zu den verschiedenen anderen Menschen, mit denen wir so zu tun haben, sollte immer ganz und gar die gleiche sein. Und die Liebe zu einem Tier wiederum – wenngleich nicht unbedingt schwächer – ist doch von anderer Art als die Liebe zu unseren engsten Verwandten. Hingegen ist es bei uns nicht üblich, die intensive Verbundenheit, die ich mit meinen Freundinnen fühle, als Liebe zu bezeichnen. Aber wenn wir akzeptieren, dass es unterschiedliche Formen von Liebe gibt, dann könnten wir das tiefe Gefühl für unsere Freundinnen durchaus als Liebe bezeichnen. Und dann – um auf den Gedanken der Freundin, dass Frau vier Männer brauche, zurückzukommen – würde deutlicher, dass der Bereich Liebe von mehreren anderen Menschen voll ausgefüllt werden kann.

Langer Rede kurzer Sinn: Freundschaften zu Menschen beiderlei Geschlechts, zu denen wir uns aus welchen Gründen auch immer hingezogen fühlen, halte ich für durch nichts anderes ersetzbar. Der griechische Philosoph Epikur hat neben der Freiheit die Freundschaft für natürlich und notwendig gehalten. Dass Freiheit auch die Freiheit von den Zwängen einer Zweierbeziehung bedeuten kann, habe ich schon weiter oben versucht, deutlich zu machen; wie bereichernd Freundschaften sind, wollte ich Ihnen in diesem Kapitel vermitteln. Wenn Epikur sie gar für notwendig hält, sind sie, wie auch ich finde, durch nichts zu ersetzen. Auch nicht durch eine Zweierbeziehung.

Im Gegenteil, während Freundschaften zu vielen anderen Menschen eine Zweierbeziehung voll und ganz ersetzen können, kann eine Zweierbeziehung keine Freundschaften zu anderen Menschen ersetzen. Dem Menschen als sozialem Wesen genügt ein einziger Mensch für sein Bedürfnis nach Kontakten nicht. Dieses Bedürfnis kann aber eine Vielzahl von Menschen erfüllen.

Auf der Suche nach dem Warum stieß ich auf eine Untersuchung von Verhaltensforschern über freundschaftliches Verhalten bei Tieren. Die ForscherInnen definieren Freundschaft folgendermaßen: Es sei „eine Form der sozialen Beziehung zwischen zwei oder mehreren – besonders gleichgeschlechtlichen – Partnern, die durch Vertrautheit, Hilfs- und Opferbereitschaft sowie freiwillige Verantwortung für den anderen bestimmt ist", und sie diene „der Entspannung und des Wohlbefindens". Zur Klarstellung fügen sie noch hinzu, dass eine Partnerschaft hingegen „zweckbedingt" sei. Ich finde diese Ausführungen hochinteressant. Freundschaften betreffend hätte ich weder die Verantwortung für die FreundInnen hervorgehoben, noch hätte ich Opferbereitschaft überhaupt genannt. Ansonsten aber scheinen Freundschaften zwischen Tieren nicht wesentlich anders bestimmt zu sein, als die zwischen Menschen.

Partnerschaften zwischen zwei Menschen aber würden wir sicherlich nicht auf ihren Zweck reduzieren wollen – zumindest heutzutage nicht. Sie erinnern sich vielleicht, dass ich schon darauf hinwies, dass Liebesheiraten eine Erfindung des 19. Jahrhunderts sind und dass eheliche Gemeinschaften bis dahin tatsächlich Zweckgemeinschaften waren.

Freundschaften – von Epikur als notwendig erachtet – werden von ForscherInnen als vertraute, hilfsbereite, verantwortliche Verbindung mit dem Zweck der Entspannung und des Wohlbefindens definiert – wes bedarf es noch, um Ihnen nahezulegen, dass der Aufwand, der das Pflegen von Freundschaften natürlich mit sich bringt, in jedem Falle lohnt. Wenn wir bedenken, wieviel zeitlicher und emotionaler Aufwand uns die Gestaltung einer Zweierbeziehung kostet, dann lässt sich noch nicht einmal behaupten, Freundschaften seien mühsam zu erhalten. Ein regelmäßiger Anruf, um nach dem Befinden der Freundin oder des Freundes zu fragen, ein wiederkehrendes Treffen durchaus in größeren Abständen, eine Postkarte aus dem Urlaub, ein paar E-mails, vielleicht hier und da eine Einladung zu sich nach Hause. Aber bemühen müssen wir uns schon. Freundschaften beruhen wie alle zwischenmenschlichen Beziehungen auf einem Geben und Nehmen. Wir können uns also nicht zu Hause hinsetzen und darauf warten, dass die FreundInnen sich bei uns melden.

Was meines Erachtens Freundschaften im Gegensatz zu Zweierbeziehungen soviel befriedigender macht, ist die viel größere Unkompliziertheit. Ein Freund von mir, der im Ausland wohnt und alle paar Wochen in meiner Heimatstadt seine Mutter besucht, war an einem Montag zum Mittagessen mit mir verabredet. Den Termin musste er noch zweimal verschieben, bis wir uns schließlich am Mittwoch zu einer schönen Mittagspause miteinander treffen konnten. Dabei bedankte er sich sehr für meine, wie er es ausdrückte, für ihn entlastende Flexibilität.

Eine meiner engsten Freundinnen war irgendwann in ihrem Leben einmal so eingespannt, dass sie wochenlang nicht dazu kam, sich bei mir zu melden. Als sie mich dann endlich anrief, wollte sie sich wortreich für ihr langes Schweigen entschuldigen. Ich unterbrach sie rasch mit der Versicherung, keineswegs verärgert zu sein. Das quittierte sie mit dem Ausruf: „Du bist so pflegeleicht!“ Nun würde aber wahrscheinlich weder meine Familie noch die diversen Partner meines Lebens dem zustimmen, während meine verschiedenen FreundInnen wohl im Großen und Ganzen zustimmen würden. Das bedeutet, so scheint mir, es ist gar nicht die einzelne Person, die entweder pflegeleicht oder nicht pflegeleicht, flexibel oder nicht flexibel, schnell verletzt oder nicht verletzt ist. Entscheidend ist vielmehr die Art der Beziehung, die die beiden Menschen miteinander verbindet. Würde der Mann, mit dem ich gerade in einer Zweierbeziehung bin, die Verabredung mit mir zweimal wegen anderer Menschen verschieben, so wäre ich wahrscheinlich so beleidigt, dass ich zu der dritten gar nicht mehr hingehen würde. Würde er sich wochenlang nicht wenigstens telefonisch melden, wäre ich zutiefst getroffen, auch wenn ich wüsste, dass er gerade sehr beschäftigt wäre.

Noch ein Beispiel: Vor einiger Zeit verbrachte ich einen einwöchigen Urlaub zusammen mit einem guten Freund in England. Während er gerne morgens als erstes joggen geht und das Frühstück ausfallen lässt, gehört für mich gerade ein ausgiebiges Frühstück zu einem schönen Urlaub dazu. Diese ganz unterschiedlichen Wünsche hatten wir vor unserem ersten gemeinsamen Urlaub nicht gekannt. Wir lösten das theoretische Problem, das in der Praxis nie eins wurde, indem er joggen ging, während ich genüsslich frühstückte und er gegen Ende meines Frühstücks zu mir stieß, um noch eine Tasse Kaffee mit mir zu trinken. Es war für uns beide eine sehr angenehme Lösung, aber wir waren beide der Meinung, dass wir das mit unseren jeweiligen Partnern nicht so konfliktfrei hätten lösen können. Schließlich erwarten die allermeisten von uns viel mehr Gemeinsamkeit mit und von unseren Partnern und das nicht nur im Urlaub. Deshalb sind Freundschaften nach meiner Erfahrung ungleich einfacher zu führen als Zweierbeziehungen und häufig auch einfacher als Familienbeziehungen.

Lassen Sie mich diesen Gedanken noch durch eine letzte Geschichte untermauern. Vor ein paar Jahren stand ich am Grab eines alten Mannes, von dem nicht nur ich wusste, dass er zu seinen Lebzeiten ein miserabler Vater und ein miserabler Partner für seine verschiedenen Frauen gewesen war. Auf seiner Beerdigung hatte sich eine große Schar von Männern der verschiedensten Altersstufen eingefunden, die sichtbar getroffen um den Verstorbenen trauerten. Sie waren seine Freunde gewesen, und sie trauerten ehrlich um ihn, weil er ihnen ein wunderbarer Freund gewesen war.

Da es also so zu sein scheint, dass Freundschaften leichter zu führen sind als jede andere Form enger Beziehungen und dass Paarbeziehungen am schwersten positiv zu gestalten sind, bitte bemühen Sie sich um ihre Freundinnen und Freunde. Die vielen positiven Gefühle und die relative Abwesenheit von Problemen werden Ihr Leben ungemein bereichern. Sollten Sie noch nicht genügend FreundInnen haben – und nach meiner Erfahrung können wir gar nicht genug davon haben –, dann kümmern Sie sich darum. Noch sind Sie jung genug, neue Freundschaften zu schließen. Doch, das geht! Ich habe in der letzten Zeit zwei sehr vielversprechende neue Freundschaften begonnen. Natürlich ist noch nicht abzusehen, was daraus werden wird, aber der Anfang ist gemacht.

Der Freizeitforscher Horst Opaschowski vertritt die Auffassung, dass Alleinstehende und Kinderlose darauf achten müssten, im Laufe ihres Lebens „verlässliche soziale Netze“ zu knüpfen. „Gute Freunde“, so wird er zitiert, „würden dafür nicht ausreichen, da sie meist gleichaltrig seien und ihre Zahl daher im Alter zurückgehe.“ Richtig daran ist nach meiner Auffassung, dass wir alle uns durch unser ganzes Leben hindurch bemühen müssen, verlässliche Beziehungen zu anderen Menschen zu knüpfen. Falsch ist, anzunehmen, dass das keine FreundInnen sein könnten, und ebenfalls falsch ist, davon auszugehen, dass das nur Alleinstehende und Kinderlose betreffe. Bedauerlicherweise gibt es genügend erwachsene Kinder, die sich keineswegs um ihre Eltern kümmern oder die so weit entfernt wohnen, dass sie es nicht können, und es gibt Verwandte, die überhaupt keinen Kontakt mehr miteinander haben. Das Problem, so scheint mir, ist also mehr oder minder das gleiche für alle Menschen.

Opaschowskis Höherbewertung der Familie wird von einer Allensbach-Umfrage aus dem Jahre 2005 bestätigt, hingegen von einer Untersuchung australischer ForscherInnen aus demselben Jahr widerlegt. Während Allensbach Menschen mit engen Familienbindungen für glücklicher hält als andere, haben die Australier unter der Leitung von Lynne Giles herausgefunden, dass gute Freunde helfen, das Leben zu verlängern. Freundschaftsbeziehungen seien, was die Länge des Lebens betrifft, deutlich wichtiger als Familienbindungen.

Opaschowski geht im übrigen davon aus, dass FreundInnen meistens gleichaltrig seien. Damit dürfte er zwar in vielen Fällen Recht haben, aber zwingend ist das nicht. Ich bin, wie Sie wissen, 57; meine jüngste Freundin ist 34, die älteste 82. Die anderen FreundInnen verteilen sich ziemlich gleichmäßig über die dazwischen liegenden fünf Jahrzehnte. Wenn wir offen für die Sichtweise anderer Menschen bleiben, neugierig im besten Sinne, herzlich und gastfreundlich, uns bemühen, weder alles besser zu wissen, noch alles bierernst zu nehmen, dann sind Freundschaften zwischen den Generationen nicht nur möglich, sondern sogar ausgesprochen bereichernd. Erst beim letzten Sylvesterfest in meiner Wohnung hatte ich u. a. eine 38jährige Freundin und ihren gleichaltrigen Freund zusammen mit meiner 82jährigen Freundin eingeladen. Es war ein wunderschöner Abend, an dem alle prächtig miteinander auskamen.

Natürlich wird der Mensch ab und an auch von FreundInnen enttäuscht. Kleine Enttäuschungen sollten wir nicht auf die Goldwaage legen. Eifersüchteleien in uns selbst sollten wir zwar wahrnehmen, aber nicht überbewerten. Ich gebe zu, es gibt uns einen Stich, wenn wir zwei FreundInnen miteinander bekannt gemacht haben, und die sich dann so gut verstehen, dass sie sich auch ohne uns treffen. Es ist in Ordnung, dass es uns berührt, aber wir dürfen kein Drama daraus machen. Wir sollten uns stattdessen freuen, wenn mehr Menschen gut miteinander auskommen und wir dazu beitragen konnten.

Das eine oder andere Mal im Laufe unseres Lebens werden wir auch sehr stark enttäuscht. Ich war runde 20 Jahre mit einer Frau befreundet gewesen, als sie sich einen vierstelligen DM-Betrag von mir lieh, und ich nie wieder ein einziges Wort von ihr hörte. Aber daraus abzuleiten, dass Freundschaften per se Enttäuschungen in sich bergen, hielte ich für überzogen. Es wäre auch sehr ungerecht den vielen Menschen gegenüber, die im Laufe ihres Lebens ihre Freundschaft mit mir geteilt haben und mich nicht enttäuschten. Enttäuschungen sind nicht die Regel, sondern die Ausnahme. Sollten Sie mehr als die uns allen zustehende Ration davon mitbekommen haben, dann wäre auch zu überlegen, ob Sie vielleicht einen Anteil daran haben. Damit sind wir wieder bei den sich selbst erfüllenden Prophezeiungen. Vielleicht versuchen Sie es einmal mit positiven Erwartungen?

Sexualität

Männer hatten immer davor Angst, dass Frauen ohne sie zurechtkommen könnten.
Margaret Mead

Nun haben wir uns gemeinsam das Alleinleben schon von den unterschiedlichsten Seiten her angesehen. Wir haben Vor- und Nachteile beguckt und Lösungen für eventuelle Probleme gesucht. Das müssen wir jetzt auch für den Bereich Sexualität tun, denn natürlich ist Sexualität ein wesentlicher Teil des menschlichen Lebens. Aber so wichtig, wie es den Anschein hat, wenn wir uns heutzutage manche Zeitungen, Zeitschriften, Bücher, Fernsehen, Werbung oder das Internet angucken, so wichtig ist sie nun auch wieder nicht. Vielen Frauen – und auch vielen Männern – geht die Überfrachtung unseres Lebens mit Sexualität zunehmend auf die Nerven. Die ansteigende Sexualisierung unseres alltäglichen Lebens hat der Bekannte eines Freundes einmal so ausgedrückt: Wenn er durch seine Heimatstadt Köln gehe, komme er sich vor, als sei er in einem riesigen einschlägigen Vergnügungsviertel, in dem er überall durch Photos angemacht werde.

Ich halte diese zutreffende Beobachtung für eine wesentliche Ursache dafür, dass in unserer Gesellschaft ein Männlichkeitsbild aufrechterhalten wird, das ständige sexuelle Potenz geradezu zwanghaft beinhaltet. Wenngleich der Mann sich seit Jahrhunderten zum Geisteswesen schlechthin stilisiert, behauptet er zugleich von sich, einen nicht beherrschbaren sexuellen Trieb zu haben – zumindest dann, wenn es gerade in die Argumentation passt. Weil Frau diesen Trieb nicht zu haben scheint, wird „überall […] Sex als etwas verstanden, was die Frauen besitzen und die Männer von ihnen haben wollen", wie es ein Sexualforscher umreißt.

Ich habe große Zweifel daran, ob wirklich von Natur aus ein so großer Unterschied zwischen der Sexualität einer Frau und der eines Mannes besteht. Ich habe eher den Verdacht, dass der Unterschied eine Folge unserer Erziehung und Sozialisation ist. Bedenken Sie nur, dass die ‚anständige' Frau noch im 19. Jahrhundert keine Lust zu haben hatte. Aber ob nun angeboren oder anerzogen, die Folgen des Unterschieds sind vielschichtig problematisch im Umgang zwischen den Geschlechtern.

Das wird von Zahlen, die das Meinungsforschungsinstitut Gewis zusammengetragen hat, belegt: Nicht nur sind mehr als die Hälfte aller 20- bis 50jährigen Deutschen mit ihrem Sexualleben unglücklich, Männer sind es noch mehr als Frauen: nämlich 65 Prozent der Männer und 53 Prozent der Frauen. Das sind hohe Zahlen für beide. Eine Untersuchung des Mediziners Dietrich Klusmann deckt eine weitere, für mich entscheidendere Ungleichheit zwischen den Geschlechtern auf: Sex ist nur am Anfang einer Partnerschaft für beide Seiten gleich erfüllend. Danach nimmt die Lust auf Sex bei Frauen ab, bei Männern hingegen zu. Dass das für beide PartnerInnen nicht gerade zu einer zufriedenstellenden Sexualität führen kann, bedarf wohl nicht der Betonung. Den meisten von uns dürfte dieses Problem durchaus aus eigener Erfahrung heraus geläufig sein.

Auch dass die sexuelle Anziehungskraft des Partners bzw. der Partnerin für Frau und Mann unterschiedlich bedeutsam ist, dürften die meisten von uns kennen. Während nur für 47 Prozent der Frauen die sexuelle Anziehungskraft des Partners wichtig ist, ist die der Partnerin für 71 Prozent der Männer wichtig, wie die Allensbacher herausfanden. Schon beim Anblick des männlichen Schlafzimmers, so ergänzen die Leute von Gewis, vergeht vielen Frauen die Lust. Herumliegende schmutzige Unterwäsche, Madonnenbilder an den Wänden, Spielzeugautos, Blümchentapeten und Comic-Bettwäsche sind jeweils für 50 bis 75 Prozent der Frauen Lustkiller.

Während ich diese Aufzählung eher amüsant finde und mir erst beim Studieren derselben bewusst geworden ist, was mir alles entgangen ist, bezeugen zwei weitere Lustkiller derselben Untersuchung die gravierend unterschiedlichen Vorstellungen der Geschlechter von Sex: Für Frauen sind große Wandspiegel und Pin-up-Poster in Schlafzimmern Lustkiller – nicht etwa Lustanreger. Nun behauptet meine Schwester, es gäbe überhaupt nur zwei Typen von Männern: Der eine Typ macht zehn Minuten nach dem Kennenlernen klar, dass er mit dir ins Bett will; mit dem anderen Typ unterhält Frau sich die halbe Nacht aufs Trefflichste, um dann festzustellen, dass er schwul ist.

In einem Film aus den 50er Jahren wird die unterschiedliche Einstellung zum Sex auf köstliche Weise auf den Punkt gebracht. Die ganz junge Romy Schneider fragt die erfahrene Elisabeth Flickenschild: „Wollen wirklich alle Männer immer nur das eine?“ „Ja“, gibt die wunderbar erfahrungsgeladene Stimme der Flickenschild zurück, „aber es gibt immer einen, bei dem man es nicht glaubt. Da weiß man es dann erst hinterher.“

Bei all den Verschiedenheiten ist es dann wohl kein Wunder – wie wiederkehrende Untersuchungen über die Treue bzw. die Untreue in deutschen Ehen konstatieren –, dass es die monogame, lebenslange Beziehung zwischen Frau und Mann nicht mehr so häufig gibt. Je nach Untersuchung gehen zwischen 50 und 60 Prozent der verheirateten Frauen und zwischen 60 und 70 Prozent der verheirateten Männer fremd.

Den meisten von uns dürfte auch das Problem geläufig sein, dass Männer ohne größere Schwierigkeiten Liebe und Sex voneinander trennen können, was uns hingegen immer noch eher schwerfällt. Die Hamburger Psychotherapeutin Sigrid Steinbrecher hält die Aufspaltung in Lebensgefährten auf der einen und Liebhaber auf der anderen Seite für eine Männer-Version, die sich mit der weiblichen Auffassung von Liebe kaum vereinbaren ließe. Nach wie vor, hat sie beobachtet, wollen Frauen mehrheitlich mit dem Mann, den sie lieben, auch den Sex teilen.

Im Zusammenhang mit Sex ist übrigens der Blick auf schwule Männer besonders aufschlussreich. Einer meiner Freunde hat mir einmal folgende Geschichte erzählt: In einem Gespräch im Fernsehen zwischen Heike Makatsch, damals Moderatorin bei VIVA, und Ralf König, einem bekannten Zeichner von schwulen Comics, habe Makatsch gesagt: „Also lieber Ralf, ich habe ja nun gar nichts gegen Schwule, aber was mich doch stört, ist die Vorstellung, dass da nachts in Parks völlig fremde Männer miteinander Sex machen, manchmal ohne ein Wort miteinander zu sprechen." Darauf habe König geantwortet: „Liebe Heike, wenn bekannt wäre, dass da nachts in einem Park bei Hildesheim Frauen wären, die zum Sex mit wildfremden Männern bereit wären, könnte man dort 'ne Autobahnausfahrt hinbauen." Mir ist leider nicht bekannt, was Frau Makatsch geantwortet hat, aber ich persönlich hätte Herrn König nicht widersprechen können.

Der ‚Kontrollblick', um es einmal so zu nennen, auf lesbische Frauen verstärkt hier Königs Beobachtung. Denn wenngleich mir meine lesbischen Freundinnen erzählen, dass es in dem, was sie ‚die Szene' nennen, auch Frauen gäbe, die sich wie Machos verhielten, so ist die Vorstellung lesbischer Frauen von einer Zweierbeziehung doch die uns heterosexuellen Frauen vertraute Vorstellung von einer monogamen, langjährigen, partnerschaftlichen Zweisamkeit.

Zusammenfassend können wir wohl nicht umhin, festzuhalten, dass die Sexualität in einer Partnerschaft gehöriges Konfliktpotenzial in sich birgt, und es sehr wichtig wäre, nach neuen Lösungen in diesem Bereich Ausschau zu halten. Aber da das Funktionieren von Partnerschaften nicht mein Thema ist, bemühe ich mich hier nicht, Antworten darauf zu finden, einmal abgesehen von der Tatsache, dass sie extrem schwer zu finden sein dürften. Es ging mir vielmehr darum, darauf hinzuweisen, dass Sexualität in einer Zweierbeziehung keineswegs immer so schön und so unproblematisch ist, dass wir als Alleinlebende dem fehlenden ständigen Sexualpartner unbedingt nachtrauern müssten.

Mein Thema ist das Alleinleben und in diesem Zusammenhang also die Frage, wie die alleinlebende Frau mit ihrer Sexualität umgeht; schließlich hat eine ansonsten zufrieden Alleinlebende einer Journalistin berichtet: „Nur die Sexualität und die Erotik, die fehlen mir." Grundsätzlich war es aber erst einmal wichtig, festzuhalten, dass die Zweisamkeit per se keineswegs die Lösung dieses Problems wäre, denn sie garantiert nicht etwa eine erfüllte unproblematische Sexualität, wie soeben ausführlich dargestellt.

Seien wir doch – einmal mehr – ganz ehrlich miteinander: Was geschieht beim Geschlechtsakt? Zwei (zumindest in der Regel) Menschen egal welchen Geschlechts bemühen sich herauszufinden, was genau die oder der andere schön findet. Hat jede/r für sich das herausgefunden, so verlangt unsere ‚zivilisierte' Vorstellung von Sex, dass wir die oder den anderen gemäß ihrer oder seiner Wünsche befriedigen, bevor wir selbst mit den unsrigen an der Reihe sind. Dabei scheint es immer noch überwiegend so zu sein, als wären die Bedürfnisse des Mannes vorrangig. In der wunderbaren Biographie über die Autorin Iris Murdoch, die ihr Ehemann geschrieben hat, erzählt er von einem ihm bekannten, aber unsympathischen Frauenheld. Dieser habe ihm erzählt, wie wichtig es sei, die Frau in deinem Bett in den Dingen, die du haben willst, „zur Expertin zu machen". Er gibt zu verstehen, dass – wenn die Frau erst richtig verrückt nach dir sei – sie tue, was immer das auch sei.

Davon – so fürchte ich – dürfte sich wohl kaum eine Frau freisprechen können. „Warum tun wir so", stöhnt eine US-amerikanische Journalistin, „als würden wir gerne jemandem einen blasen, wo wir doch alle wissen, dass es sexuell so aufregend ist, wie sich einen kalten Hotdog in den Mund zu stopfen?" Wenn die schon so ehrlich ist, dann will ich es im Interesse der Sache auch sein. Eine meiner frühesten Erinnerungen im Zusammenhang mit meiner Sexualität ist, als mich ein Mann zum ersten Mal in meinem Leben dazu bringen wollte, sein Geschlechtsteil in den Mund zu nehmen. Es schüttelte mich vor Ekel, und ich wehrte mich erfolgreich gegen das Ansinnen. Das war in den 60er Jahren. Damals wussten wir jungen Menschen vor den ersten eigenen sexuellen Erfahrungen herzlich wenig über technische Details. Also fragte ich eine wesentlich ältere Bekannte, und die bestätigte mir zu meinem fassungslosen Entsetzen, dass das Ansinnen ein ganz normaler Vorgang zwischen Menschen, die sich lieben, sei.

Im Laufe der folgenden Jahrzehnte habe ich, wie wahrscheinlich fast jede Frau, verschiedene männliche Geschlechtsteile in den Mund genommen. Frau hatte gelernt, dass das mit einem geliebten Mann dazugehörte. Frau hatte sogar gelernt, es erregend zu finden. Es mag Frauen geben, die das wirklich tun. Aber wenn ich jetzt am Ende meines sexuellen Lebens Bilanz ziehe und weder den Männern noch – infolgedessen – mir selbst weiterhin etwas vorzumachen brauche, dann frage ich mich doch, ob der Ekel, den ich spontan als junges Mädchen verspürte, nicht die natürlichere Reaktion gewesen ist. Neuere medizinische Untersuchungen belegen zudem, dass eine Reihe von Geschlechtskrankheiten nicht zuletzt beim Oralverkehr übertragen wird.

Um mit der Ehrlichkeit fortzufahren: Ich muss zugeben, dass ich mein Rumgefummele am anderen und das Rumgefummele anderer an mir leid bin. Das klingt jetzt wahrscheinlich so, als hätte ich ein grässliches Sexualleben hinter mir, aber dem ist keineswegs so. Meine diversen Partner waren alle bemüht, sich auf meine Wünsche einzustellen. Aber auch hier gilt zweierlei: Zum einen waren runde 40 Jahre mit den verschiedenen Partnern, in denen keiner meiner sexuellen Wünsche offengeblieben ist, ausreichend; zum anderen kann ich jetzt ehrlich genug zu mir selbst sein, um festzuhalten, dass auch ich den geliebten Männern zuliebe Dinge getan habe, die ich nicht mehr tun möchte und nun – dem Alter sei Dank – auch nicht mehr tun muss. Ich habe nicht mehr das geringste Bedürfnis, herauszufinden und dann auszuführen, was genau dem anderen Menschen in meinem Bett gefällt. Erfahrungsgemäß hat es häufig auf diese Art oder an diesem Ort oder zu dieser Zeit nicht so wahnsinnig viel mit dem zu tun, was mir gerade gefällt. Nun würde es ja den Prozess erheblich beschleunigen, wenn Frau oder Mann einfach sagen dürfte, was sie oder er gerne hätte. Den anderen „zum Experten meiner Lust zu machen“, klingt – oberflächlich betrachtet – ja irgendwie toll. Aber aus Gründen, die unter das Stichwort Romantik fallen, gehört es sich nicht so recht, das auszusprechen. Deshalb das Gefummele. Untersuchungen zufolge gehören erotische Phantasien der/des Einzelnen zwischen LiebespartnerInnen nach wie vor zu den bestgehütetsten Geheimnissen. Allenfalls mit dem Liebhaber trauen sich Frauen ihre geheimsten sexuellen Wünsche auszuleben. Bei dem eigenen, dem geliebten Mann schämen sie sich. Das Ergebnis einer anderen Untersuchung macht deutlich, dass das Problem nicht leicht zu lösen sein wird: 79 (!) Prozent der befragten Frauen sind der Meinung, es sei richtig, dem Partner zu verschweigen, wenn der gemeinsame Sex keinen Spaß mache. Das ist zwar nachvollziehbar, jedoch weder im eigenen noch im Interesse der Partnerschaft hilfreich.

Aber selbst wenn er und ich Worte fänden, mit denen wir das Gewünschte einfach so ausdrücken könnten, erhebt sich für mich als Alleinlebende im mittleren Alter mit 40 Jahren Sexualleben auf dem Buckel (und sonstwo) immer noch die Frage, warum es schöner sein soll, wenn er das bei mir macht (und umgekehrt) anstatt ich selbst. Schließlich kennt niemand meinen Körper so gut wie ich. Sehr wahrscheinlich ist das eine Folge christlichen Gedankenguts: Selbstbefriedigung ist des Teufels, weil Sex nur im Dienste der Fortpflanzung erlaubt ist. Dieses Gedankengut hat sich in unserer Erziehung niedergeschlagen. Die bekannte US-amerikanische Sexualforscherin Shere Hite hat den Zusammenhang zwischen dem Schweigen der Mütter über ihre eigene Sexualität und dem Schuld- und Schamgefühl der Töchter herausgearbeitet. Intime Fragen über weibliche Sexualität werden nicht geduldet, sodass unter vielem anderen auch das Thema Masturbation nicht angesprochen wird. Das hat, so scheint mir, zur Folge, dass die meisten von uns mit der Vorstellung erwachsen werden, Sex sei etwas, das in ‚korrekter Form' nur zusammen mit einem zweiten und in der Regel männlichen Menschen stattzufinden hat und unter dem Deckmantel des Fortpflanzungswillens.

Demselben 19. Jahrhundert, in dem die Liebesheirat in Mode kam, verdanken wir meiner Meinung nach auch die Verknüpfung von Liebe mit Sex, vor allem für Frauen. Das war nur in sich schlüssig. Denn wenn Frau jemanden heiratet, weil sie ihn liebt, und wenn Sex nur im Dienste der Fortpflanzung innerhalb der Ehe gestattet ist, dann verknüpfen sich Liebe und Sex automatisch. Dasselbe Jahrhundert machte gleichzeitig ganz klar, dass die Angelegenheit für Männer anders aussah. Für die Frau, die drinnen waltet und ohn' Ende die fleißigen Hände regt (Schillers „Glocke", 1799), waren ihre Lieben einziger Mittelpunkt ihres Lebens. Für Spaß am Sex war die Frau der Mittel- und Oberschicht zu anständig und nur aus Pflichtgefühl und Liebe zu ihrem Ehemann ließ sie sich von ihm jederzeit ‚begatten'. Beachten Sie, dass schon dieses Wort Heirat, Liebe und Sex für die Frau unlösbar miteinander verknüpfte.

Für den Mann hingegen war das feindliche Leben, in das er hinaus musste (immer noch Schiller), der einzig bedeutsame Teil seines Lebens. Weder war Liebe ausdrücklich der Mittelpunkt seines Lebens, noch galt für ihn die ausschließliche Verknüpfung von Ehe, Liebe und Sex (er wird nicht etwa ‚begattet'), noch war er ohne Lust am Sex. Im Gegenteil, die Triebhaftigkeit des Mannes wurde sosehr als Tatsache akzeptiert, dass der Umgang eines ehrbaren Mannes mit Prostituierten stillschweigend für normal und notwendig gehalten wurde und offensichtlich immer noch gehalten wird, wie die Einrichtung von Bordellen in neuzeitlichen Kriegsgebieten belegt.

Warum ich Ihnen das alles erzähle? Weil ich den Verdacht mit Ihnen teilen möchte, die zwanghafte Verknüpfung von Liebe mit Sex könnte uns Frauen mehr Unheil als Heil gebracht haben. Gerade im Zusammenhang mit dem Alleinleben erscheint es mir wichtig zu sein, über die Zwanghaftigkeit dieser Verknüpfung zumindest einmal nachzudenken. Wir waren bei dem Dilemma, sexuelle Bedürfnisse befriedigt zu bekommen, ohne einen ständig greifbaren (Liebes)Partner zu haben. Lassen Sie mich in diesem Zusammenhang noch einmal auf die schon zitierte Untersuchung zurückkommen, nach der Sex am Anfang einer Partnerschaft für beide Geschlechter gleich erfüllend ist, danach aber die Lust auf Sex bei Frauen abnimmt, während sie bei Männern zunimmt. Es drängt sich mir der Gedanke auf, dass die Ursache für diese so unterschiedliche Entwicklung damit zusammenhängen könnte, dass Frauen sich aus Liebe dazu gezwungen sehen, ein Sexualleben zu führen, das nicht – oder nicht überwiegend – ihren eigenen Bedürfnissen entspricht. In der ersten heißen Phase einer Partnerschaft bemerkt Frau das nicht, aber wenn diese Phase erst einmal vorbei ist, nimmt ihre Lust auf die fremdbestimmte Sexualität aus nachvollziehbaren Gründen ab. Zeitgleich kommt der Mann hingegen sexuell auf seine Kosten, denn während ihre Lust abnimmt, nimmt die seine zu.

Dass die bei uns praktizierte Sexualität häufig für Frauen nicht zufriedenstellend verläuft, wird auch von einer Reihe von Untersuchungen gestützt, die sich mit Orgasmen befassen. „Immer noch scheint der Orgasmus, und speziell der weibliche, oft mehr Frust als Lust zu bringen“, schreibt eine Journalistin, die sich für die *Cosmopolitan* mit dem Thema beschäftigt hat. In einer Befragung der Meinungsforscher von Gewis hätten 50 Prozent der Frauen gern häufiger einen Orgasmus, aber nur 7 Prozent der Männer! Diese Zahlen belegen wohl unmissverständlich, dass der sogenannte ‚Liebesakt‘ immer noch mehrheitlich auf Koitus mit anschließendem Orgasmus des Mannes hinausläuft und dass die Frauen dabei zu kurz kommen. Einer Umfrage der Charité in Berlin zufolge hat die Häufigkeit weiblicher Orgasmen auch etwas mit dem Geschlecht des/der Partner/in zu tun: Hatten 50 Prozent der befragten Frauen schon einmal einen Orgasmus im Beisein eines Partners, so stieg die Anzahl auf 75 Prozent bei Partner*innen*! Frauen sollten, so scheint mir, mehr mit ihren Männern reden, als ihnen Orgasmen vorzutäuschen.

Wir waren bei der unseligen Verknüpfung von Liebe mit Sex. Die Sprache untermauert diese Verknüpfung: Was wir ‚Liebesakt' nennen, würde ehrlicher ‚Sexualakt' genannt. Wir alle sind inzwischen mit der englischen Formulierung ‚to make love' vertraut, was ebenfalls in Wirklichkeit nichts anderes bedeutet als ‚to make sex'. Männern ist es in unserer Kultur stillschweigend gestattet, zwei Arten von Sexualleben zu haben: in Verknüpfung mit Liebe im häuslichen Bett und als reiner Sexualakt mit Prostituierter oder Geliebter. Für uns ist nur die erste Variante vorgesehen, und die macht uns unglaublich erpressbar. Was haben wir uns aus Liebe nicht alles gefallen lassen!

Sie und ich wir sind jetzt alt genug, den Zusammenhängen und eigenen Verhaltensweisen offen und kritisch ins Auge zu sehen. Wir müssen niemandem mehr etwas vormachen, weder anderen noch uns selbst. Wir können jetzt frei entscheiden, in welcher Form wir unser Sexualleben fortführen wollen. Dabei kommt uns zu Hilfe, dass das ganze Dilemma im fortgeschrittenen Alter in der Regel bei weitem nicht mehr so groß ist, wie es aller Wahrscheinlichkeit nach in jungen Jahren gewesen wäre. Der Drang nach Sexualität lässt in den meisten von uns sowohl in der Häufigkeit als auch in der Intensität nach. Das scheint die Natur weise so eingerichtet zu haben. Die Journalistin, die davon berichtet hatte, dass alleinlebenden Frauen der Sex fehle, hält denn auch fest, dass es vor allem die jüngeren Frauen seien, denen diese Seite des Alleinseins zu schaffen mache.

Nicht nur bei Frauen, auch bei Männern lässt der Drang übrigens nach. Die Produktion des männlichen Sexualhormons Testosteron geht nach einer im Jahr 2004 vorgestellten Studie in den USA bei Männern zwischen dem 20. bis 30. Lebensjahr und dem 70. Lebensjahr um durchschnittlich 40 Prozent zurück. Leider sind nach meiner Beobachtung die allerwenigsten mittelalten oder älteren Männer dazu in der Lage, das zuzugeben. Wie bereits angesprochen, ist Potenz sosehr mit ihrem Männlichkeitsbild verknüpft, dass sie bedauerlicherweise in einer diesbezüglichen Veränderung nichts Positives sehen können. Dabei birgt diese Veränderung ein großes befreiendes Potenzial in sich. Eigentlich müsste gerade auch der Mann, der sich soviel auf seinen Geist einbildet, die zunehmende Unabhängigkeit vom animalischen Trieb begrüßen.

Frauen haben es dabei zugegebenermaßen leichter, weil Potenz in jedem Alter nicht zum allgemein anerkannten Bild von Weiblichkeit gehört. Oder hängt es vielleicht damit zusammen, dass wir im Gegensatz zu Männern immer ‚können'? Ich meine, dass uns gar nicht erst unterstellt wird, dass wir vielleicht nicht ‚könnten'? Wie dem auch sei, nicht einmal für junge Frauen ist ein erfülltes Sexualleben so wichtig, wie eine Umfrage aus dem Jahr 2002 belegt. Demnach halten laut Gewis nur 40 Prozent der unter 30jährigen ein erfülltes Sexualleben für eine Voraussetzung für eine funktionierende Partnerschaft. Ich fürchte, da machen die jungen Frauen die Rechnung ohne die Wirte. Ebenso interessant die folgende Zahl: 74 Prozent der befragten Frauen halten Sex für überbewertet. Das kommentiert die Psychologin Cordula Krüger mit den Worten: „Frauen sind an Sex weniger interessiert als an Liebe." Nicht nur weniger als an

Liebe, auch weniger als an Freundschaft: Nach einer aktuellen Umfrage von Forsa ist den meisten Frauen eine beste Freundin wichtiger als ein erfülltes Sexualleben. Wenn beides zutrifft, dann wird der nicht vorhandene ständige Sexualpartner für die Alleinlebende noch unproblematischer. Liebe und Freundschaft lassen sich, wie ich ausführlich dargestellt habe, mit vielen lieben Menschen leben.

Ich hoffe, dass wir jetzt soweit sind, auch die Sexualität entmythologisiert zu haben. Das heißt zusammenfassend, wir sehen klar, dass die von uns gelebte Sexualität häufig nicht die unsere war; dass wir aufgrund der unseligen Verknüpfung von Sex mit Liebe Dinge getan haben, die nicht unseren Bedürfnissen entsprachen; dass wir das weder wiederholen wollen, noch wiederholen müssen, weil wir jetzt in einem Alter sind, in dem sowohl der uns von der Natur mitgegebene Sexualtrieb als auch der uns von unserer Gesellschaft anerzogene Drang zu einer Zweierbeziehung nachgelassen haben; dass beides keineswegs zu bedauern ist, weil es uns freimacht für ein wahrhaft anderes Leben.

Wenn wir soweit sind, dann können wir jetzt auch offen darüber nachdenken, wie wir mit den Momenten umgehen, in denen die Lust sich bemerkbar macht. Der offenkundig einfachste Weg, aufkommende Lust zu befriedigen, ist für die Alleinlebende natürlich die Selbstbefriedigung. Ich z. B. mache mir richtige hübsche kleine Orgien und bin ganz sicher, dass ich Ihrer Phantasie da keine Nachhilfe leisten muss, zumal es da keine allgemein gültigen Ratschläge geben dürfte. Die schon zitierte Befragung der Charité bezüglich der Häufigkeit von Orgasmen, nach der 50 Prozent der Frauen den Orgasmus schon einmal mit einem Mann teilten, aber 75 mit einer Frau, hält außerdem fest, dass die

‚Trefferquote' bei der Selbstbefriedigung auf 80 Prozent ansteigt!

Vielleicht passt dazu eine Beobachtung, die ich an mir gemacht habe und die ich wirklich interessant finde: Ich stelle mir bei meinen Orgien überhaupt keinen Mann vor. Auch keine Frau. Ich bin einfach nur ganz allein mit meiner Lust zusammen. Diese Beobachtung scheint mir zu bestätigen, dass es zumindest auch mit unserer Erziehung zusammenhängt, dass wir die Vorstellung haben, ‚richtiger' Sex benötige zwingend zwei Menschen und Selbstbefriedigung sei ein schlechter Ersatz dafür. Die Biologie verstärkt laut einer Veröffentlichung aus dem Jahr 2005 die Richtigkeit der soziologischen Interpretation: Die weibliche Lust ist nicht an männliche Geschlechtshormone im weiblichen Körper gekoppelt. Die australischen ForscherInnen fügen ihrem Bericht hinzu, dass das bisherigen Vermutungen zuwiderliefe. Ich finde es schon sehr aufschlussreich, dass die Vermutung überhaupt aufgestellt wurde, auch die weibliche Lust werde von männlichen Geschlechtshormonen gesteuert.

Ein zweiter Mensch bei sexuellem Tun ist also keineswegs zwingend notwendig. Selbst im fortpflanzungsfähigen Alter ist der/die zweite eigentlich nur dann zwingend logisch, wenn wir uns um der Fortpflanzung Willen zusammenfinden – was wir aber eher selten tun.

Sollte Sie bei der Selbstbefriedigung die Sehnsucht nach einem zweiten Menschen überkommen, dann bedenken Sie, dass der Preis für einen ständig greifbaren Sexualpartner hoch ist: Nicht nur, wäre er auch dann da, wenn Sie ihn gerade nicht haben wollen, Sie müssten auch all den anderen Ärger, den er unweigerlich mit sich brächte, akzeptieren – einschließlich des Ärgers, der mit den unterschiedlichen Wünschen bezüglich Zeit, Ort, Häufigkeit, Art und Weise von Sexualität zusammenhängt.

In einem meiner Lieblingsromane, Thomas Hardys *Am grünen Rand der Welt*, gibt es eine Szene, die das Problem herrlich auf den Punkt bringt. Ein Mann hat soeben der Heldin des Romans einen Heiratsantrag gemacht, und sie versucht höflich ihm zu erklären, weshalb sie den nicht annehmen wird. Sie erzählt, dass Verheiratetsein „auf eine Art" sehr nett wäre, weil sie nämlich darum beneidet würde. „Aber ein Ehemann –" beginnt sie und macht eine Pause. Offensichtlich ist es nicht so einfach, dem Mann verständlich zu machen, auf welche Unterscheidung sie hinaus möchte. Nach ihrem Zögern fährt sie fort:

> Nun, er wäre immer da [...]; wann immer ich aufschauen würde, da wäre er. Natürlich wäre er das [...]. Nun, was ich meine ist, ich hätte nichts dagegen, eine Braut auf einer Hochzeit zu sein, wenn ich eine sein könnte ohne Ehemann. Aber da eine Frau sich nicht allein auf diese Weise in Szene setzen kann, werde ich nicht heiraten – zumindest noch nicht.

Und zum Abschluss dieses Punktes möchte ich Ihnen den folgenden Witz nicht vorenthalten: Wissen Sie, warum so wenige Männer etwas von weiblichen Orgasmen verstehen? Weil sie so selten dabei sind. Das wissende Lachen, mit dem die meisten Frauen auf diesen Witz reagieren, bestätigt die entsprechende Studie, nach der ich nicht die einzige Frau bin, deren Orgasmen häufiger und besser sind, wenn sie allein mit sich ist. Dazu passt auch, was ich neulich zufällig im Radio gehört habe. Da erzählte ein Mann, der offenbar in Gruppen mit Männern an männlichen Verhaltensweisen arbeitet, dass diese Männer sich für ganz andere Dinge interessieren als die Frauen in den parallel laufenden Frauengruppen. Während die

Frauen gerne alles wissen möchten, was in den Männergruppen so besprochen worden ist, interessiere die Männer nur ein einziger Punkt: Sind die Orgasmen echt oder vorgetäuscht?

Eine andere Lösung des Problems Sex ohne ständigen Partner zur Hand wären – theoretisch – ständig wechselnde Partner. Ich sage ‚theoretisch', nicht weil ich das für ein moralisches Problem halte, sondern für ein praktisches. Denn was in unserem Alter auf der einen Seite eine große Befreiung bedeutet, nämlich nicht mehr ununterbrochen als potentielles Sexualobjekt betrachtet zu werden, bereitet zwangsläufig dann eine Schwierigkeit, wenn Frau gerade selbst ein solches Objekt sucht. Ein für mich naheliegender Gedanke wäre es, einen Mann für seine Dienste zu bezahlen. Ich stelle mir das herrlich unkompliziert vor. Ich bräuchte nie mehr so zu tun, als wenn ich alles erregend fände, wenn dem gar nicht so ist. Vor allem bräuchte ich mich nicht aus Liebe dazu überreden zu lassen, zu Zeiten, an Orten und auf Arten Sex zu haben, wenn ich das gar nicht will.

Nicht nur also müsste ich diesem Mann, den ich für seine sexuellen Dienste bezahlen würde, keine Lust vorspiegeln, ich könnte sogar nach, sagen wir, 20 Minuten einfach bemerken: Vielen Dank, es hat mir gereicht, hier haben Sie Ihr Geld, leben Sie wohl. Es könnte mir gänzlich gleichgültig sein, wie er mich gefunden hat und ob er seinen Spaß hatte. Ich bräuchte nicht einmal die Zigarette danach abzuwarten. Ganz besonders erstrebenswert erscheint mir die völlige Abwesenheit emotionaler Verstrickung zu sein.

Das alles einmal praktisch auszutesten, ist allein an meinem Geiz gescheitert – nicht an meinem Willen, nicht an meinen Moralvorstellungen und nicht an meinem Mut – ehrlich! Was im Internet einen soliden

Eindruck machte (wenn ‚solide' in diesem Zusammenhang das richtige Wort ist), war mir viel zu teuer; und was mir nicht zu teuer war, war so platt dargestellt, dass mir die Lust verging.

Apropos Lust vergehen. Ich möchte Ihnen nicht den Rat eines schwulen Freundes von mir vorenthalten, den er mir gab, als ich ihm gestand, mir verginge auch beim attraktivsten Mann häufig die Lust, sobald der den Mund aufmache. „Ja, Britta!", rief der Freund sichtbar entgeistert aus, „Du darfst den nicht reden lassen!" Wenngleich mir gänzlich einleuchtet, dass der Rat sachlich richtig ist, fehlt mir wohl doch die Sozialisation, die es mir ermöglichen würde, Sex einfach als das zu sehen, was er ist: Sex eben – nicht mehr, nicht weniger und vor allem: nichts anderes.

Dass nicht nur mir diese Sozialisation fehlt, belegt ein interessanter Feldversuch an US-amerikanischen Universitäten. Es boten sich attraktive Frauen und Männer als SexualpartnerInnen an. Keine einzige der Studentinnen ließ sich auf Sex mit einem fremden Mann ein. Aber 75 Prozent der Studenten willigten sofort ein.

Obwohl ich keinesfalls ein ängstlicher Mensch bin (einer meiner Freunde hält mich hingegen für sträflich unängstlich, seit ihm eine Freundin erzählt hat, dass sie mich mitten in der Nacht elegant gekleidet in einer Gegend meiner Stadt zu Fuß hat gehen sehen, in der sie das schon tagsüber tunlichst vermeiden würde), obwohl ich also nicht ängstlich bin, würde ich es für zu riskant halten, mir im Internet oder per Zeitungsannonce einen ‚Privatmann' zu suchen (also einen, der kein Geld dafür nimmt), um mich bei ihm oder bei mir oder sonstwo zu einem Schäferstündchen zu treffen. Da gibt es zwar einen großen Markt, aber ich hätte Bedenken, mich mit einem Fremden in eine Situation zu begeben, in der ich gegebenenfalls keine Chance hätte, Gewalt zu entgehen.

Das sieht bei einem professionellen ‚Begleiter‘ – was das elegantere Wort für männliche Prostituierte zu sein scheint – anders aus, weil er ja bei einer Agentur namentlich bekannt ist.

Ich hätte allerdings keine Bedenken, Ihnen den Versuch mit einem Privatmann zu empfehlen, falls Sie versiert im Umgang mit Selbstverteidigung oder Karate oder ähnlichen Kampfsportarten sind. Selbstverteidigungskurse sind, so scheint mir, in jedem Fall für Frauen eine sinnvolle Betätigung. Oder Sie treffen irgendeine Verabredung mit einer Freundin in der Art, dass sie bei Ihnen vorbeischaut, wenn Sie sich nach einer gewissen Zeit nicht melden.

Möglicherweise ist Ihnen längst der Gedanke gekommen, ich könnte alle diese Überlegungen nicht ernst meinen. Da irren Sie. Wenngleich sexuelle Handlungen – außer wenn sie gewalttätig sind – ja nie ohne eine gewisse unfreiwillige Komik sind, bemühe ich mich sehr wohl, auch für diesen Teil des Alleinlebens ernsthafte Vorschläge zu unterbreiten. Auf die Vorschläge, die Sie vielleicht für nicht ganz ernst gemeint halten, setze ich jetzt noch einen drauf: Was ganz klar noch eine Marktlücke ist, ist ein Edelpuff für Frauen. Eine Freundin und ich haben mal ein vergnügliches Stündchen miteinander verbracht, in dem wir uns diesen ausmalten. Ein befreundeter hochgestellter Akademiker, der sich mit der Vergabepraxis von Stellen an deutschen Universitäten auskennt, vertritt die Auffassung, dass die Gleichberechtigung zwischen Frau und Mann erst dann erreicht sein wird, wenn mit derselben Selbstverständlichkeit mittelmäßige Frauen eingestellt werden wie mittelmäßige Männer. Wenngleich er mit dieser These durchaus recht haben könnte, scheint mir, es könnte auch ein Gradmesser für die Gleichberechtigung sein, wenn Frauen mit der gleichen Selbstverständlichkeit Männer für Sex kaufen, wie Männer das seit Jahrhunderten mit Frauen tun, und erst zu dem Zeitpunkt ließe sich überhaupt diskutieren – und müssten wir dringend diskutieren –, ob der Kauf von Menschen für sexuelle Dienstleistungen, kurz Prostitution genannt, grundsätzlich mit Menschenwürde in Einklang zu bringen ist.

Mir fällt in diesem Zusammenhang noch ein anderer Gradmesser für die Verwirklichung der Gleichberechtigung zwischen Frau und Mann ein: Wenn in den Sexszenen in Filmen die Frauen nicht mehr Töne von sich gäben, die die ZuschauerInnen befürchten lassen müssen, das Haus breche zusammen, und wenn im Gegenzug die Männer sich auch mal hörbar machen dürften. Mir persönlich ist noch nie ein Mann begegnet, der beim Sex keine Laute von sich gibt; wohl solche, die sich bemühen, sie gedämpft zu halten. Auch im Bett scheint der Held schweigsam sein zu müssen. Die Emanzipation des Mannes ist zwar nicht mein Thema, aber wenn sie es wäre, würde ich Männer dazu animieren, im Bett laut zu werden. Einen meiner Ex-Partner habe ich einst mit großem Lustgewinn dazu gebracht, seine ihm anerzogenen Hemmungen diesbezüglich hintersichzulassen.

Der letzte Vorschlag, den ich zum Thema Sexualität der Alleinlebenden noch zu machen habe, ist der des echten Zölibats. Dafür möchte ich jetzt hier einmal eine – ganz und gar ernstgemeinte – Lanze brechen. In meinen jungen Jahren habe ich wie die meisten Menschen den Zölibat für eine schwachsinnige Erfindung der katholischen Kirche gehalten. Ich war halt jung und wusste vieles noch nicht, außerdem bin ich Protestantin. Nachdem ich nun aber runde 40 Jahre lang in den verschiedenen Partnerschaften gelebt, geliebt und gelitten habe, kann ich dem Gedanken sehr viel abgewinnen. Wenn der Mensch aufhört, sich auf einen einzigen – oder im Fall von Kindern auf zwei oder drei – Menschen zu konzentrieren, bleibt eine enorme Kraft für andere Dinge übrig. Ich glaube nur immer noch nicht – im Gegensatz zur katholischen Kirche –, dass die Natur den jungen Menschen dafür geschaffen hat, aber für den mittelalten ist es eine echte Alternative.

Genau das haben im Jahr 2004 bemerkenswerterweise gleich zwei bekannte Frauen in ihren 60ern öffentlich gemacht. Christine Kaufmann und Dagmar Koller bekennen sich zu einem Leben ohne Sexualität. Frau Kaufmann scheint sich bewusst mit dem letzten Teil ihres Lebens zu befassen und bemerkt dazu: „Und ich glaube nicht, dass die Suche nach unentdeckten Varianten in der Sexualität unbedingt Thema dieses Abschnitts sein muss.“ Es gehört viel Mut dazu, solche Überlegungen öffentlich anzustellen.

Es war, als ich begann zu begreifen, wie wunderbar das Alleinsein ist, dass ich meine Mutter fragte, warum ich das nicht eher begriffen habe, und sie mir antwortete, das läge an der Biologie. Immer öfter ertappte ich mich dabei, mit meinem Kaffeepöttchen in der Hand vor meinem großen Wohnzimmerfenster zu sitzen, hinauszuschauen und zu denken: Womit hast du das verdient, dass es dir so gutgeht?! Eine Freundin von mir, die sich mit Anfang 40 gerade aus einer langjährigen Beziehung befreit hat, wünschte sich, auch für sich beschließen zu können, fürderhin alleinzubleiben. Sie sagt aber, dass sie es noch nicht könne. Eine andere Freundin im gleichen Alter, die erst vor einem Jahr eine Ehe eingegangen ist, die sich als nicht ganz einfach erweist (aber welche Ehe erweist sich schon als einfach), kann sich dennoch nicht vorstellen, dass es allein schöner sein soll.

Beide Reaktionen sind nicht verwunderlich; in ihrem Alter hätte ich auch noch nicht auf positive Weise alleinsein können. Die Natur scheint es tatsächlich anders eingerichtet zu haben. Die Diplom-Psychologin Christine Sowinski behauptet hingegen, „[d]er Drang zum anderen Menschen bleibt natürlich auch im Alter. [...] Das hört nie auf. Das geht so bis ins hohe Alter." Was für eine deprimierende Aussicht! Nie aufhören?! Nie klüger werden?! Sich nicht entwickeln und zu neuen Ufern aufbrechen?!

In einem Film, aus Australien glaube ich, treffen sich eine Frau und ein Mann nach ca. 40 Jahren wieder. Als junge Menschen waren sie sehr ineinander verliebt gewesen, hatten aber nicht heiraten dürfen. Der Mann ist inzwischen verwitwet, die Frau lebt in einer langjährigen, nun altgewordenen Ehe. Die beiden verlieben sich erneut ineinander und verhalten sich genauso töricht und egoistisch wie junge Liebende. Während eine Freundin von mir es romantisch und schön fand, dass Menschen in ihren 70ern immer noch so lieben können wie junge Menschen, fand ich es vor allem ärgerlich. Sollen wir Menschen denn im Laufe unseres langen Lebens gar nichts dazulernen?! Müssen wir dieselben dummen Handlungsweisen ewig wiederholen?! Hören wir nie auf, bei vollem Wissen einander entsetzlich wehzutun?!

Da scheinen die FranzösInnen, denen unterstellt wird, sie verstünden mehr von der Liebe als andere europäische Völker, tatsächlich den größeren Durchblick zu haben. Sie sagen nämlich: „Die Liebe ist der König der jungen Menschen und der Tyrann der alten." Wahrscheinlich stammt die Volksweisheit aus einer Zeit, in der Menschen mit 50 und 60 Jahren als alt angesehen wurden. So gesehen, könnte der Spruch heute auch auf Menschen in der Lebensmitte zutreffend angewandt werden.

Das Gefühl, die Liebe als Tyrann zu empfinden, muss mich erstmals mit Ende 40 beschlichen haben. Das war, als ich begann, mich mehr und mehr danach zu sehnen, ohne Partner alt zu werden. Meine Sehnsucht, mich des ganzen „Klumpatschs“ zu entledigen, spürte ich – wie schon berichtet – zunächst nur im Bauch, dann sickerte die Sehnsucht in meine Gedanken durch, und nach einer Weile äußerte sie sich auch in meinen Worten. Ich glaube nicht, dass es ein Zufall war, dass ich während dieser Zeit in den Wechseljahren war. Ebensowenig dürfte es ein Zufall gewesen sein, dass ich die Wechseljahre weitgehend hinter mir hatte, als ich frohen Mutes beschließen konnte, nun den Rest meines noch langen und fröhlichen Lebens alleinzubleiben.

Wechseljahre

Du brauchst keine Angst vor Veränderung zu haben. Du musst dir keine Sorgen darüber machen, was weggenommen wurde. Guck' nur auf das, was hinzugekommen ist.
Jackie Greer

Womit wir bei den Wechseljahren angekommen wären, einem Thema, das in einem Buch für Frauen über 50 zwangsläufig anzusprechen ist. Nun vergessen Sie als erstes einmal alles, was Ihnen die Männer in der Medizin und die Männer in der Wissenschaft und die Männer, die Zeitungen und Fernsehprogramme machen, und die Männer in Ihrem Privatleben über die Wechseljahre der Frauen einreden wollen. Den meisten von ihnen unterstelle ich noch nicht einmal böse Absichten, obwohl der Verdacht sehr naheliegen könnte, denn diejenigen, die vor allem von den von ihnen verbreiteten Vorstellungen über weibliche Wechseljahre profitieren, sind die Männer. Uns hingegen tun diese Vorstellungen gar nicht gut. Anstatt auf das zu hören, was da alles so behauptet wird, sehen Sie sich doch zunächst einmal das Wort an, das die herrliche deutsche Sprache für diesen Zeitraum im Leben einer Frau gefunden hat. Ich muss Ihnen an dieser Stelle einfach einmal erzählen, was ein englischer Freund von mir so an der deutschen Sprache mag: ihre Bildhaftigkeit, die sofort verstehen ließe, was gemeint sei. Als Beispiel gibt er dann englischen Menschen, die der deutschen Sprache nicht mächtig sind, folgendes Wort: Durchfall.

Ein ebenso treffendes schönes deutsches Wort ist ‚Wechseljahre'. Lassen Sie es sich doch einmal auf der

Zunge zergehen! Birgt es nicht eine Fülle von Versprechen? Von spannender Erregung? Von so vielen Möglichkeiten zur Veränderung, dass einem ganz wohlig kribbelig dabei wird? Bedauerlicherweise macht Veränderung vielen Menschen Angst. Dabei ist Veränderung doch etwas ganz Großartiges, weil dem auch immer Chancen innewohnen.

Verabschieden Sie sich als nächstes grundsätzlich von dem Gedanken, krank zu sein. Nur wer krank ist, mit der ist etwas nicht in Ordnung, die braucht Medikamente, braucht Ruhe, braucht Hilfe – und vor allem muss die gesund werden. Ich will nicht abstreiten, dass es Frauen gibt, die wirklich körperlich leiden. Aber die Mehrheit scheint das nicht zu sein. Während sogar meine – wahrscheinlich in Fernost für den Westen hergestellte – Software in ihrem Rechtschreibprogramm das Wort ‚Wechseljahrsbeschwerden' kennt, haben Ostasiatinnen nicht einmal ein Wort für diesen Sachverhalt in ihren Sprachen. Das ist nicht überraschend angesichts der Tatsache, dass die Frauen dort kaum unter entsprechenden Beschwerden leiden. Fachleute führen das übrigens auf ihre andere Ernährung zurück.

Bis hierhin war ich mit diesem Kapitel vorgedrungen, als ich auf einen hochinteressanten Artikel in einer Zeitung stieß. Unter der Überschrift „Erfundene Krankheiten" berichtete Jörg Blech über Ärzteverbände und die Pharmaindustrie,

> die keine gesunden Menschen mehr kennen. Um das enorme Wachstum der früheren Jahre beibehalten zu können, muss die Gesundheitsindustrie immer häufiger Menschen medizinisch traktieren, die gesund sind. Natürliche Wechselfälle des Lebens und normale Verhaltensweisen werden systematisch als krankhaft umgedeutet.

> Pharmazeutische Unternehmen sponsern die Erfindung ganzer Krankheitsbilder und schaffen ihren Produkten auf diese Weise neue Märkte.

Hier also fand ich mich bestätigt in der Annahme, dass Wechseljahre und die damit einhergehenden Beschwerden zum einen etwas ganz und gar Normales sind und zum anderen von interessierten Kreisen zu Krankheiten stilisiert werden. Ganz besonders bezeichnend an dem Artikel ist ferner, dass der Autor des Artikels und eines entsprechenden Buches zu diesen erfundenen Krankheiten zwar die „Menopause des Mannes" zählt, nicht aber die der Frau!

Wenn Sie einmal genau auf die Wechseljahrsbeschwerden von Frauen achten, werden Sie zudem häufig feststellen, dass das körperliche Leid psychische Ursachen hat. Die Frauen, die sich in jungen Jahren vorwiegend über ihre körperliche Anziehungskraft definiert haben oder über ihre Fähigkeit, Kinder zu gebären, sind diejenigen, die jetzt am meisten leiden. An meinem monatlichen Stammtisch tauschten eine Freundin und ich uns über die Art unserer Wechseljahrsbeschwerden und darüber, wie wir damit umgehen, aus und fragten in dem Zusammenhang eine dritte am Tisch über ihre Erfahrungen. Wir waren zu dem Zeitpunkt alle drei Anfang bis Mitte 50. Die dritte wies entrüstet von sich, überhaupt in den Wechseljahren zu sein. Das ist die Haltung, die Beschwerden hervorruft.

Bedenken Sie stattdessen einmal Folgendes. Nicht nur der weibliche Körper ist dabei, sich umzustellen, auch im weiblichen Leben verändert sich manches. Die Kinder sind aus dem Haus gegangen oder im Begriff zu gehen. Daraus folgt für die Ehe eine ganz neue Situation. Jahrelang haben sich beide gemeinsam vorwiegend um ihre Kinder gekümmert. Jetzt sind sie wieder vor allem ein Paar statt einer Familie. Sie wissen kaum noch, was das ist. Sie stellen vielleicht fest, dass sie einander nichts mehr zu sagen haben, und viele trennen sich deshalb gerade zu diesem Zeitpunkt.

Durch den Wegfall ihrer Rolle als Mutter hat die Frau auf einmal so viel Zeit für sich, wie sie sie seit rund 20 Jahren nicht mehr gehabt hat. Das will erst einmal verkraftet werden. Sie könnte jetzt ihren Hobbys nachgehen, aber sie weiß kaum noch, welche Hobbys sie denn hatte, als noch Zeit dafür war. Den Männern, die ja meistens bei weitem nicht so viel Zeit als Väter verbracht haben, wird es ein Jahrzehnt später ebenso ergehen, wenn sie in die Rente gehen (müssen). Wenn frau sich vorher keine Gedanken über ihre Interessen gemacht hat oder hat machen können, wird es sehr schwer werden, auf einmal Interessen aus dem Boden zu stampfen.

Hinzukommt das psychische Problem. Fachleute nennen es sehr treffend das Leere-Nest-Syndrom. Jahrelang war Frau damit beschäftigt, erst das Nest zu bauen und es dann schön und funktionstüchtig zu halten, sowie die Insassen des Nestes zu betuddeln. Aber nun sind die Betuddelten flügge geworden, und das Nest ist leer. Ich kenne Frauen, die geradezu darauf warten, jetzt endlich ihr eigenes Leben leben zu können. Aber es braucht nicht viel Phantasie, um zu verstehen, dass es für andere Frauen eine vor allem schmerzliche, gravierende Veränderung ihres Lebens ist.

Bei vielen Frauen berührt die Problematik aber noch eine andere, grundsätzlichere Schicht, sie geht sozusagen ans Eingemachte; und das, soweit ich sehe, aus zwei Gründen. Zum einen ist die sogenannte Reproduktionsphase jetzt endgültig abgeschlossen, das heißt, selbst wenn wir wollten, könnten wir keine Kinder mehr bekommen. Das wirft tiefgreifende Fragen nach dem eigenen Selbstverständnis auf. Sind wir wirklich ausschließlich auf der Erde, um Kinder zu gebären? Wenn dem so wäre, dann wären wir jetzt tatsächlich überflüssig. Wenn wir das glaubten, dann wäre das kein leicht zu verkraftender Gedanke. Wie sollte Frau mit dieser Überzeugung fröhlich weitermachen?

Zum anderen können wir nun beim allerbesten Willen nicht mehr von uns behaupten, jung zu sein. In unserer Gesellschaft wird Jugend aber mit Schönheit gleichgesetzt und Schönheit mit Attraktivität. Verlieren wir die Jugend, haben wir nach landläufiger Meinung auch die Schönheit und damit die Attraktivität verloren. Das ist bei Männern auch nicht anders als bei Frauen, hat aber eine andere Tragweite. Attraktivität ist sexuelle Anziehungskraft und wird als solche hierzulande als essentiell weiblich definiert, also als etwas, das Frau unbedingt braucht, um eine Frau zu sein. Infolgedessen verliert Frau mit der Attraktivität ihre Identität als Frau. Auch hier gilt: Sollten wir das verinnerlicht haben, ist es schwer, einfach fröhlich weiterzumachen.

Sie werden sich schon denken können, dass ich Sie dazu ermutigen möchte, beides zu hinterfragen. Also sowohl die Vorstellung, dass wir nur für die Aufzucht von Kindern auf der Welt sind, als auch, dass Attraktivität zwingend zum Frausein dazugehört. Es ließe sich argumentieren, dass Fortpflanzung und sexuelle Anziehungskraft zusammengehören, weil wir Menschen sonst wahrscheinlich inzwischen ausgestorben wären. Im Umkehrschluss ließe sich daraus schließen, dass wir gar nicht mehr schön sein müssen, wenn wir uns nicht mehr fortpflanzen können.

Ich bin noch nicht dahintergestiegen, warum die Natur diesen Zusammenhang bei Männern nicht auch hergestellt hat. Ich meine, warum Männer im fortgeschrittenen Alter eher unattraktiver werden als Frauen, sich aber trotzdem noch fortpflanzen können. Wieso konnte die Natur hier auf den Zusammenhang von Attraktivität und Fortpflanzungsfähigkeit verzichten? Konnte sie denn wissen, dass sich Frauen – im Gegensatz zu Männern – auch mit weniger attraktiven älteren Männern zum Paarungsakt bereitfinden würden? Ist das der Grund, weshalb sie beim Menschen folgerichtig von ihrem Prinzip abweichen konnte, dem männlichen Teil des Paares die schöneren Federn, die leuchtenderen Farben, die prächtigere Mähne mitzugeben? Und wenn der weibliche Mensch – anders als das weibliche Tier – so schlau ist zu wissen, dass äußere Attribute nicht das Wichtigste am Sexualpartner sind, warum ist der männliche Mensch es dann nicht auch?

Anstatt dem Vergangenen nachzuhängen, möchte ich Ihnen raten, die Wechseljahre als Chance zu betrachten. Die Psychologin und Buchautorin Julia Onken geht soweit zu formulieren:

> Die Menopause ist eine ungeheuer wohlweise Einrichtung der Schöpfung, die Frauen in der Lebensmitte die Lektion erteilt, sich nicht mit der Fortpflanzungsfunktion zu bescheiden. Sie fordert uns auf, das Mutterzimmer zu verlassen und andere Räume zu bewohnen.

Eine andere Psychologin, Ursula Staudinger, weist darauf hin, dass wir die Wechseljahre heute ganz anders sehen als früher: „[D]ie Menopause erlebt ihre Relativierung durch die Kultur. […] Im reinen Patriarchat ist die klassische Produktivität der Frau das Gebären. Die Menopause macht sie zum Abfallprodukt.“ Jetzt aber sieht Staudinger „im Postpatriarchat der westlichen Welt“ die Frauen als unabhängig von ihrer Gebärfähigkeit produktiv sein, sowohl im beruflichen als auch im privaten Bereich.

Beide Frauen sehen also vor allem die Chancen der Veränderung, und darin möchte auch ich Sie ganz deutlich bestärken. Es ist in Ordnung, sich Gedanken über das eigene Selbstverständnis zu machen. Das hilft dabei, sich ein neues aufzubauen. Aber Letzteres ist das Entscheidende. Viele berühmte Menschen haben sich Gedanken über das menschliche Selbstverständnis gemacht. Hier habe ich für Sie die drei zusammengestellt, die mir am meisten zu denken geben. Der irische Schriftsteller Samuel Beckett hat geschrieben: „Wir wissen, was wir sind, aber wir wissen nicht, was wir hätten sein können.“ Ähnlich, aber noch hoffnungsloser formuliert ein anderer, dessen Namen ich leider vergessen habe: „Man ahnt, was man hätte sein können, wenn man nicht hätte sein müssen, was man ist.“ Was beiden Formulierungen zugrundeliegt, ist die Überzeugung, dass viele Menschen etwas anderes hätten sein können als das, was ihre Lebensumstände aus ihnen gemacht haben. Hoffnungsvoller sieht die US-amerikanische Schriftstellerin Charlotte Perkins Gilman den gleichen Sachverhalt: „Bis wir verstehen, was wir sind, können wir keine Schritte ergreifen, um das zu werden, was wir sein sollten.“

Uns, die wir aufgrund unseres fortgeschrittenen Alters eine ganz neue Freiheit erfahren dürfen, möchte ich nahelegen, diese zu nutzen, um endlich zu versuchen, das in uns zur Entfaltung zu bringen, was in uns steckt. Eine wesentliche Voraussetzung für diese Freiheit sind auch die positiven Veränderungen, die die Wechseljahre mit sich bringen. Lassen Sie los, was zu einer früheren Phase Ihres Lebens gehörte: die Jugendlichkeit, die Gebärfähigkeit, die rein körperliche Attraktivität. Weinen Sie dem Vergangenen ruhig ein paar Tränen hinterher.

Trauer um Vergangenes ist ein normaler und gesunder Vorgang. Aber dann öffnen Sie eine Flasche Champagner, und feiern Sie den Beginn einer neuen Ära. Prosten Sie zuversichtlich der neuen Zukunft zu.

Die Natur hat es so eingerichtet, dass all die Veränderungen in unserem Leben mit den Veränderungen unseres Körpers zusammenfallen. Deshalb ist es so einfach, alle Beschwerden und Probleme, die wir zu dieser Zeit haben, auf die Wechseljahre zu schieben. Es sind die Wechseljahre, die uns Kopfschmerzen in mehr als nur dem körperlichen Sinn verursachen, nicht etwa die Tatsache, dass die Kinder plötzlich aus dem Haus sind, und wir wieder in eine Zweisamkeit kommen, die wir so schon lange nicht mehr gekannt haben. Es sind die Wechseljahre – nicht etwa die Tatsache, dass wir uns einen neuen Lebensinhalt suchen müssen oder doch zumindest etwas Gescheites, mit dem wir die viele Zeit füllen können, die das leere Nest uns beschert hat. Es sind die Wechseljahre – nicht etwa die Tatsache, dass Jugend und Attraktivität vorbei sind; nicht etwa, dass wir infolge dieser Neuerungen um ein neues Selbstverständnis ringen müssen. Dabei würden all diese Veränderungen zusammen doch genau dieselben Probleme bereiten, wenn wir nicht in den Wechseljahren wären. Sie zu lösen, braucht nicht nur Zeit, sondern auch Ideenreichtum. Lösungen solch grundlegender Natur fallen nicht vom Himmel. Das würde auch dann zu Schlaflosigkeit führen, wenn unser Körper nicht in einer Umstellungsphase wäre.

Ein schönes Beispiel für den Mechanismus, die Wechseljahre für alles Mögliche verantwortlich zu machen, liefert eine aktuelle Untersuchung der Universität Yale unter der Leitung von Becca Shansky. Das Forscherteam hat herausgefunden, dass das den Fachleuten bekannte Phänomen, dass Frauen depressiver sind als Männer, differenzierter zu betrachten sei. Frauen seien es nämlich erst nach der Pubertät und nicht mehr nach den Wechseljahren. Das führen die ForscherInnen auf Östrogen zurück, also auf die Tatsache, dass Frauen vor der Pubertät und nach den Wechseljahren erheblich weniger Östrogene in sich tragen, als in der Zeit zwischen diesen beiden Eckpunkten.

Ich würde hingegen die Biologie beiseitelassen und die Sache psychologisch betrachten. Vor der Pubertät und nach den Wechseljahren werden Frauen in unserer Gesellschaft noch nicht bzw. nicht mehr auf die Enge der weiblichen Rolle als Ehefrau, Mutter und Sexualobjekt reduziert. In diesen Jahren haben sie noch bzw. wieder die Freiheit, ihr Leben jenseits dieser Beschränkungen selbst zu bestimmen. Da finde ich es nicht verwunderlich, dass sie in diesen Jahren nicht depressiver sind als Männer.

Apropos Östrogene: Das Unbehagen, das uns begleiten muss, solange wir noch nicht den richtigen Weg gefunden haben, macht berechtigterweise kratzbürstig. Aber anstatt uns das Recht zu nehmen, eine Zeit lang kratzbürstig zu sein, nehmen wir Hormone, stellen wir uns selbst ruhig in der Hoffnung, dass dann schon irgendwie alles wieder gut werde. Dabei meinen wir mit ‚gut werden': Es soll wieder werden wie früher; wie zu der Zeit, bevor die Kinder gingen – und die Jugend und die Attraktivität. Veränderungen machen eben Angst.

Meine Mutter gehörte vor mehr als 30 Jahren zu den ersten Frauen in der Bundesrepublik, die Hormone nahmen. Dadurch wuchs ich in dem festen Glauben auf, Hormone in den Wechseljahren einzunehmen, sei vollkommen richtig und das einzig Wahre. Es wurde mir suggeriert, dass dann alle auftretenden Probleme einfach wie weggeblasen sein würden. Ich habe das so geglaubt, nicht nur weil ich meine Mutter schätze, sondern auch weil – ach Himmel, was habe ich mir nicht alles einreden lassen, bevor ich mir angewöhnt habe, selbst zu denken.

Es war im Sommer, bevor ich 43 wurde, als ich für meine Verhältnisse ganz ungewöhnlich schwitzte. Mein Frauenarzt (ja, zu dem Zeitpunkt hatte ich tatsächlich noch einen männlichen Frauenarzt, woran Sie den Stand meiner damaligen Entwicklung ablesen können), mein Frauenarzt also diagnostizierte beginnende Wechseljahre und verschrieb mir Östrogen. Vier Jahre lang nahm ich die Tabletten mit zunehmender Beklemmung, weil ich inzwischen in dem Alter war, in dem ich selbst zu denken begonnen hatte. Erst hatte ich – noch nicht selbst denkend – 20 Jahre lang die Pille genommen, jetzt sollte ich noch einmal jahrzehntelang Östrogene nehmen. Das konnte doch irgendwie nicht richtig sein, das konnte doch meinem Körper nicht gut tun. Schließlich hatte die Natur es so eingerichtet, dass er keine Östrogene mehr produzierte. Das musste doch irgendeinen Sinn haben. Welche Auswirkungen würde es haben, wenn ich dieser Einrichtung der Natur zuwiderhandelte? Auf der anderen Seite aber versprachen Östrogene nicht ausgetrocknete Schleimhäute, eine straffe Haut, unbeschwerten Sexualverkehr, keine Schweißausbrüche, guten Schlaf und später einmal keine Osteoporose. Wiederum andererseits passte mir der aufgezwungene halbjährige Besuch bei meinem Arzt überhaupt nicht. Da ich mich bester Gesundheit erfreute, hielt ich es für eine unnötige Belastung meiner Krankenkasse. Ich ging doch auch nicht halbjährlich zum Arzt, um vorsorglich meine Gelenke, meine Nieren, meine Lunge, meine Kopfhaut überprüfen zu lassen.

Nach vier Jahren Einnahme der Östrogene mit anwachsend mulmigem Gefühl war ich soweit, das Zeug einfach nicht mehr zu nehmen. Die Schweißausbrüche fingen wieder an, und dazu kamen ab und an Schlafstörungen, aber sonst hatte ich keinerlei Beschwerden. Das hielt ich für einen bescheidenen Preis für meine Gesundheit. Zwei Jahre lang nahm ich keine Tabletten. Während dieser zwei Jahre erreichte mein Liebesleben einen Tiefstand. Mein Partner, der verärgert darauf reagiert hatte, dass ich einfach ohne ihn entschieden hatte, die Tabletten nicht mehr zu nehmen, führte das auf das fehlende Östrogen in meinem Körper zurück. Schweren Herzens und ausschließlich im Bemühen, meine Partnerschaft zu retten, begann ich erneut mit der Einnahme. Es stellte sich auch eine gewisse Zunahme meiner sexuellen Lust wieder ein, aber nicht für lange.

Rückblickend betrachtet besteht für mich keinerlei Zweifel daran, dass meine Lust oder Unlust vor allem mit der Länge meiner Beziehung und weniger mit meinem Hormonspiegel zu tun hat. Es ist mir in meinem Leben drei Mal passiert, dass ich Beziehungen auf beiden Seiten hochgradig sexuell begann und nach ungefähr drei Jahren nicht mehr die geringste Lust auf den betreffenden Mann verspürte, während ich gleichzeitig froh und gern und ausgiebig mit einem anderen Mann hätte ins Bett gehen können. Bei den ersten beiden Malen war ich übrigens Anfang bzw. Ende 20 – von wegen fehlender Hormone!

Inzwischen nehme ich nun schon seit mehreren Jahren keine Östrogene mehr und fühle mich blendend. Sehe ich auch blendend aus? Oder besser: sähe ich mit Östrogenen besser aus? Schon möglich. Nur, dass die Fragestellung gar nicht mehr die meine ist. Seit ich – in den Worten eines Freundes – „den Männern abgeschworen habe“, muss ich nicht mehr jünger aussehen, als ich bin, und ich muss auch nicht mehr schön sein. Dabei wird mir häufig gesagt, ich sähe jünger aus, als ich bin. Diese Bemerkung ist als Kompliment gemeint – aber worin soll das Kompliment eigentlich bestehen? Was soll das für ein Wert sein, der mir da zugestanden wird? Warum ist es positiv zu vermerken, wenn jemand jünger aussieht, als sie ist? Oder andersherum gefragt: Was ist daran falsch, so alt auszusehen, wie jemand ist? Warum titelt eine Zeitung ein Bild von der US-amerikanischen Sängerin Cher, auf dem sie wie 30 aussieht, anerkennend mit: „Diese Frau ist 57“? Wie Sie wahrscheinlich wissen, macht die Frau keinen Hehl daraus, dass sie schon zum xsten Mal unter dem chirurgischen Messer gelegen hat.

So alt auszusehen, wie wir sind, kann nur in einer Gesellschaft falsch sein, die dem Jugendwahn hinterherläuft. Nur dann kann etwas falsch daran sein, 57 Jahre alt zu sein und auch so auszusehen. Nur dann muss ich versuchen, mein wahres Alter zu verheimlichen. Nur dann ist es ein Kompliment, jünger auszusehen, als ich bin. Nur vor diesem Hintergrund ist zu verstehen, dass Frauen wie Iris Berben Bücher mit so unsinnigen Titeln wie *Älter werde ich später* veröffentlichen. Ein Freund sagte mir erst kürzlich, er fühle sich wesentlich jünger als seine 58 Jahre; und anderen Menschen wird bescheinigt, in ihrer Art und in ihrem Wesen jünger zu sein, als sie sind. Vielleicht würde ihnen das Buch *Fühl dich 30 die nächsten 50 Jahre* gefallen; für mich geht dieser Weg in die völlig falsche Richtung.

Mir scheint, wir müssen unsere Vorstellungen vom Alter ändern und nicht unser Aussehen, mit dem wir versuchen, für jünger gehalten zu werden, als wir sind. Menschen in ihren 50ern, 60ern, 70ern, ja, teilweise sogar 80ern entsprechen heutzutage nicht mehr den Vorstellungen, die wir vor 20, 30 Jahren mit diesem Alter verbanden und immer noch damit verbinden. Wir sind nicht mehr alt mit 60. Wir ernähren uns besser, wir arbeiten kaum noch körperlich, wir leben in gesunden Wohnungen, wir treiben Sport, wir halten unseren Geist fit, wir kleiden uns nicht so, wie das früher in unserem Alter von uns erwartet worden wäre. Im übrigen ist Alter ungeheuer relativ. Wenn ich meiner über 80jährigen Mutter von einer Freundin erzähle, kann es schon einmal sein, dass sie nach deren Alter fragt. „Mitte 40", sagte ich neulich, und meine Mutter erwiderte: „Ach, so jung noch!" Fragen Sie mal eine 20jährige für wie alt sie eine 40jährige hält.

Natürlich erfordert es ein gehöriges Maß an Courage, sich dem Zeitgeist entgegenzustellen. Aber glauben Sie mir, es ist ungeheuer befreiend, sich darüber hinwegzusetzen. Zum Beispiel, in dem wir nicht so eine Geheimniskrämerei um unser Alter machen. Sprüche wie „eine Dame fragt man nicht nach ihrem Alter" oder „ich bleibe von jetzt an 29" (oder 39 oder 49 oder neunund...) sollten der Vergangenheit angehören. Als ich 54 Jahre alt war, wohnte ein 20jähriger Spanier für zwei Wochen bei mir. In seiner reizenden, unbekümmerten Art fragte er mich während unseres ersten gemeinsamen Kaffeetrinkens nach meinem Alter. Ich gebe zu, ich habe geschluckt und eine Sekunde überlegt, was ich antworten sollte. Dann entschied ich mich für die Wahrheit – da hat er geschluckt. Ich war genauso alt wie seine Eltern, und die hatte er als alt im Sinne von traditionell, altmodisch, inflexibel abgehakt. Ich passte nicht in seine Vorstellung von einer Frau in meinem Alter. Nach 15 gemeinsamen Tagen reiste er mit einer völlig neuen Vorstellung von Frauen in den 50ern in seine Heimat zurück.

Eine Kollegin von mir in meinem Alter, ist da schon einen Schritt weiter. Als eine zweite Kollegin, die Mitte 50 ist, uns kürzlich von den Vorbereitungen zu einem 60sten Geburtstag in ihrer Familie erzählte, fragte sie die erste Kollegin, ob es sich um ihren eigenen Geburtstag handele. Die Angesprochene war beleidigt, aber ich fand es großartig, dass es für die erste vorstellbar war, mit 60 könne Frau noch so jung aussehen und so aktiv sein wie die Mittfünfzigerin.

Wir Mittelalten sollten alle offensiv dafür einstehen, dass der Mensch in unserem Alter keineswegs zum alten Eisen gehört. Wir ändern nichts, wenn wir mit 63 so tun, als seien wir 59 (oder mit 54 als seien wir 49) und nur aus diesem Grund so fit und wach und offen sind. Wenn mehr 63jährige dazu stünden, wie fit sie mit 63 sind, dann könnte sich allmählich das Bild, das sich Jüngere von 63jährigen machen, ändern. Wenn sie eine andere Vorstellung von älteren Menschen bekämen, könnte ihnen das auch die Angst vor dem eigenen Älterwerden nehmen.

Langer Rede kurzer Sinn: Betrachten Sie die Wechseljahre vor allem als Chance zur Veränderung. Akzeptieren Sie in Ruhe die körperlichen Beschwerden. Schweißausbrüche und wiederkehrende Schlaflosigkeit sind nichts Dramatisches, und je ruhiger Sie auf diese reagieren, je selbstverständlicher Sie diese betrachten, desto leichter lassen sie sich ertragen. Gehen Sie offensiv mit den Wechseljahren um. Nur wenn wir alle sie offen thematisieren, können wir sie gemeinsam aus der zu verschweigenden Ecke herausholen. Ebenso wie wir die Menstruation, das Kinderkriegen, das Älterwerden und den Tod wieder in die Öffentlichkeit holen sollten. Das alles sind natürliche Vorgänge, die zum Leben dazugehören. Das hätte dann zur praktischen Folge, dass wir uns nicht mehr verschämt den Schweiß von der Stirn tupfen müssten, sondern dass es ein selbstverständlicher Vorgang wäre.

Bedenken Sie auch, dass die monatlichen Blutungen, die Sie jetzt nicht mehr haben, nun wahrlich nicht immer so erbaulich waren. Machen Sie sich schlau über alternative Linderungsmöglichkeiten für die Beschwerden, die Sie tatsächlich haben. Sprechen Sie offen mit Ihren Freundinnen darüber. Wechseln Sie die Frauenärztin (einen Frauenarzt sowieso), wenn die Ihnen Östrogene aufdrängen will. Die Frauenärztin einer Freundin spricht ausschließlich von ‚Hormönchen' – lassen Sie sich auch nicht von Verniedlichungen beschwichtigen. Nach neuesten Erkenntnissen aus den USA sind die gesundheitsschädigenden Nebenwirkungen der sogenannten Hormonersatztherapie (HRT) gravierend. Nicht einmal der Osteoporose sollen sie wirklich noch vorbeugen, was uns doch immer besonders ans Herz gelegt wurde. Die Barmer Ersatzkasse – wohl durch die Meldungen aufgeschreckt – begann 2003 einen Artikel über Hormonersatztherapien in der Zeitschrift für ihre Millionen von Mitgliedern mit:

> Kann eine Arzneimitteltherapie, die seit Jahrzehnten empfohlen und scheinbar auch erfolgreich eingesetzt wird, plötzlich doch ein erhebliches Gesundheitsrisiko bergen, mehr Schaden als Nutzen verursachen? Nach dem derzeitigen Stand der Dinge muss die Antwort ja heißen und betroffen ist die sogenannte Hormonersatztherapie (HRT) in und nach den Wechseljahren bei Frauen.

Nicht nur was die Hormonersatztherapie betrifft, haben WissenschaftlerInnen nach ein paar Jahren ihre Meinung geändert. Wenn wir genau hinsehen, ist das ein so normaler Vorgang, dass wir dringend damit aufhören müssen, immer gleich alles zu glauben, was uns die medizinische Wissenschaft alle paar Jahre als ultimative Weisheit präsentiert. Da ich eine in dieser Beziehung äußerst gut informierte Mutter habe, kenne ich mich damit aus und gebe Ihnen mal einige Kostproben. Erst berichtete sie z. B., dass nach neuesten Erkenntnissen zuviel Butter nicht gut sei, und sie hoffte, dass ich nicht zuviel Butter äße. Etwa fünf Jahre später informierte sie mich darüber, dass Butter ganz wichtig für die Nerven sei, und hoffte, ich äße genügend Butter. Ein anderes Mal ging es um die Anzahl von Tassen Kaffee, die ich täglich zu mir nehme, mehr als zwei seien nämlich schädlich. Etwa fünf Jahre später hieß es, dass drei Tassen Kaffee täglich mein Herzinfarktrisiko erheblich minderten. Ich könnte noch eine Reihe solcher Beispiele anführen, denke aber, Sie verstehen, worauf ich hinaus will. Meine Mutter erfindet diese Informationen ja nicht etwa, sondern sie entnimmt sie entsprechenden Veröffentlichungen. Nun hat ein sehr kluger Mensch einmal gesagt, Wissenschaft sei Irrtum auf den neuesten Stand gebracht. Ich habe den Verdacht, in der Medizin sind die ForscherInnen besonders emsig damit beschäftigt, den neuesten Stand jeweils als die ultimative Wahrheit zu verkaufen.

Lassen Sie sich durch niemanden ruhigstellen. Machen Sie sich selbst zur Expertin Ihres eigenen Körpers, hören Sie auf ihn, vertrauen Sie sich selbst, Ihrer Intuition, Ihrem Einssein mit Ihrem Körper. Ich weiß, das ist einem Arzt oder einer Ärztin gegenüber nicht leicht durchzusetzen, aber wenn Sie es sich vornehmen, wird es Ihnen sicherlich gelingen. Bedenken Sie, dass ÄrztInnen für uns da sind und nicht umgekehrt und dass niemand Ihren Körper so gut kennen kann wie Sie selbst.

Im Rahmen eines freundschaftlichen Zusammenseins erzählte ich, wie ich kürzlich während eines Seminars eine Kreislaufschwäche erlebt hatte. Was ich erzählen wollte, war nur, wie rührend sich meine Studierenden um mich gekümmert hatten, weil das Thema mal wieder auf die egoistischen jungen Leute gekommen war. Aber während meiner Erzählung wurde ich immer wieder von einem anwesenden befreundeten Arzt unterbrochen, der wissen wollte, was mein Arzt dazu gesagt habe. Da ich diese Kreislaufschwäche seit Jahrzehnten habe, gehe ich aber gar nicht mehr zum Arzt und weiß in aller Regel, gut damit umzugehen. Als ich mich uneinsichtig den Ermahnungen des Freundes gegenüber zeigte, gipfelte sein Unmut in einem entrüsteten: „Ich bin Arzt!" – was wohl belegen sollte, dass er es besser wisse als ich. Ich erwiderte sinngemäß, dass ich meinen Körper seit über 50 Jahren kenne und deshalb die Expertin für meinen Körper sei.

Denken Sie nicht, ich sei mit dieser Erkenntnis auf die Welt gekommen. Ich habe lange Jahre dafür gebraucht, das zu begreifen. Aber seitdem ich es begriffen habe, fahre ich gut damit, auf meinen Körper zu hören. Probieren Sie es doch einfach einmal aus. Und bedenken Sie noch eines dabei: Ebenso wie es schlechte Klempner, schlechte Anstreicher, schlechte Rechtsanwälte gibt, gibt es auch schlechte Ärzte. Es gibt keinen sachlichen Grund, anzunehmen, dass der Prozentsatz schlechter Ärzte geringer sei als in anderen Berufen. Seit in unserem Lande Menschen Ärzte und Ärztinnen werden, weil sie ein Einser-Abitur gemacht haben, bin ich noch mehr im Zweifel, ob daraus überproportional viele gute ÄrztInnen werden können. Im Zusammenhang mit Frauenärzten möchte ich Ihnen noch einen Gedanken unterbreiten, den einst ein Freund von mir äußerte: Zu dem Zeitpunkt, zu dem Medizinstudenten zu entscheiden haben, in welche Fachrichtungen sie gehen, sind die Männer sehr jung und aus diesem Grund auf dem Höhepunkt ihres Sexuallebens. Sich zu diesem Zeitpunkt Frauen als Frauenarzt nähern zu wollen, fand dieser Freund nichts weniger als pathologisch, und er meinte das ganz ernst.

Älterwerden ist nicht zuletzt deshalb befreiend, weil frau endlich aufmüpfig werden kann – und im eigenen Interesse dringend werden sollte. Sie waren lange genug fremdbestimmt, jetzt ist die Chance, Ihr Tun – und Ihr Lassen – selbst zu bestimmen! Die englische Lyrikerin Jenny Joseph schrieb ein Gedicht mit dem bezeichnenden Titel „Warnung“. Darin erzählt eine junge Frau, was sie alles tun wird, wenn sie erst eine alte Frau sein wird. So wird sie z.B. lila in Verbindung mit einem roten Hut tragen, ihre Rente für Brandy ausgeben, auf Alarmknöpfe drücken, ihren Stock über Geländer rappeln lassen, die Blumen in anderer Leute Gärten pflücken und lernen zu spucken. Ich will Ihnen nicht verheimlichen, dass sie in der zweiten Strophe beschreibt, was ihr Ehemann alles wird tun können. Abschließend überlegt sie, ob sie nicht schon einmal üben sollte, damit die Menschen, die sie kennen, später nicht zu schockiert sein werden.

Egal, ob mit oder ohne Ehemann, aufmüpfig zu werden, ist ein schönes Ziel. Nicht nur die junge Frau in Jenny Josephs Gedicht sollte schon einmal mit dem Üben beginnen, den meisten Frauen, die ich kenne, würde das nicht schaden.

Verlassen und verlassen werden

Das Wort ‚Krise' wird mit zwei kleinen Schriftzeichen ins Chinesische übersetzt; das eine bedeutet ‚Gefahr', das andere ‚Chance'.
Jean Hough

Wenn ich darüber nachdenke, an welchem Punkt Ihr neues Leben vielleicht noch scheitern könnte, dann bleibe ich an den Verletzungen hängen, die Sie möglicherweise durch die Loslösung aus Ihrer letzten Beziehung noch mit sich herumtragen. Wenn es Ihnen gelungen ist, sich in Freundschaft zu trennen, dann gratuliere ich Ihnen herzlich. Meistens ist es aber so, dass die oder der eine der beiden Partner zu einem Zeitpunkt gehen will, wenn die oder der andere das (noch) würde verhindern wollen. Sehr häufig gelingt es uns Menschen – vor allem uns Frauen – nur zu gehen, wenn schon ein dritter Mensch im Spiel ist. Das bringt meistens unendliches Leid für zumindest einen der drei, häufig aber auch für die anderen beiden.

Wenn Sie diejenige sind, die geht oder gegangen ist, werden Schuldgefühle und Gewissensbisse Sie für eine sehr lange Zeit begleiten. Das ist nach meiner Erfahrung nicht zu verhindern und hat ja meistens auch seine Berechtigung. Einem anderen Menschen großes Leid zuzufügen, gehört zurecht nicht zu unserer Vorstellung eines anständigen menschlichen Verhaltens. Aber wir Menschen – so hat es eine Bekannte treffend ausgedrückt – machen uns immer wieder schuldig. So unvollkommen wie wir nun einmal sind, können wir das kaum verhindern. Jedoch können wir versuchen – und sollten wir versuchen –, uns aus gemachter Erfahrung heraus immer wieder vorzunehmen, uns in der Zukunft zu bessern, also nicht noch einmal dieselben schäbigen Verhaltensweisen an den Tag zu legen. Zudem können und sollten wir uns bemühen, das Leid, das wir anderen zugefügt haben, nicht unnötig zu vergrößern.

Ich selbst bin schon sowohl die Verlassende als auch die Verlassene gewesen. Ich muss zu meiner Schande gestehen, dass ich erst begriffen habe, was ich meinem Mann und der Frau des anderen angetan habe, als es mir Jahre später selbst angetan wurde. Erst da habe ich verstanden, wie weise der Volksmund einmal mehr ist, wenn er formuliert: Was du nicht willst, dass man dir tu, das füg‘ auch keinem andern zu. Ein Wunsch, ein Appell, gemacht aus der Erfahrung des Volkes im Interesse eines guten Miteinanders zwischen den Menschen, leider ohne große Chance, fortwährend beherzigt zu werden.

Die Tatsache, dass ich bei meinem unrechten Tun in riesiger Gesellschaft war, entschuldigt mich nicht. Ebensowenig wie es tröstlich für die oder den Betrogenen ist, sich ebenfalls in reichlicher Gesellschaft zu wissen. Ich teile auch nicht die Auffassung einiger mir bekannter Frauen, die sich in der Rolle der Geliebten ohne jede Schuld sehen, weil sie die verheirateten Männer, mit denen sie ein Verhältnis haben, als die treibenden Kräfte ausmachen. Erstens gehören immer zwei dazu: Einen, der treibt, und eine, die sich treiben lässt. Aus diesem Grund entschuldigt es die mitmachende Frau auch in den Fällen keineswegs, in denen der Mann tatsächlich der treibende ist. Zweitens aber kenne ich auch Fälle, in denen die Frau die treibende Kraft war. Drittens weiß ich gar nicht so recht, ob die Frage nach dem oder der Initiator/in wirklich so entscheidend ist. Es könnte sich bei der Frage eher um den Versuch handeln, Schuld auf den oder die andere abzuwälzen. Eine mir bekannte

Frau treibt die Scheinheiligkeit soweit, ihren Liebhaber auf das Leid, das er seiner Ehefrau bei möglicher Entdeckung zufügt, hinzuweisen und redet sich ein, damit ihre Hände in Unschuld zu waschen.

Auch die allgemein verbreitete Meinung, man könne nur in eine ohnehin kaputte Ehe einbrechen, teile ich nicht. Ich halte diese Behauptung für eine Erfindung derjenigen, die vor sich selbst eine Entschuldigung für das eigene Tun finden müssen. Wenn die ersten ein, zwei oder drei heißen Jahre einer Beziehung vorbei sind, lässt sich jede Ehe (mit oder ohne Trauschein) an den Rand des Abgrunds bringen. Sind wir erst einmal soweit, Sex mit ins Spiel zu lassen, so haben wir einer Urgewalt die Tür geöffnet, die nur sehr schwer zu bezähmen ist. Nicht zu Unrecht nennen US-amerikanische Psychologen dieses Phänomen ‚Sex, der das Leben verändert'. Wer ihn unterschätzt, sagen sie, lebe gefährlich. Ich würde genauer formulieren wollen: die oder der setzt seine Beziehung aufs Spiel. Diese Behauptung lässt sich mit Zahlen untermauern: Immerhin erhöht ein Seitensprung die Scheidungswahrscheinlichkeit um das zwölffache! Trotzdem haben 52 Prozent aller Frauen und 67 Prozent aller Männer ihren festen Partner schon einmal betrogen. Jede vierte Frau von diesen 52 Prozent trennt ihre Beziehung um des Liebhabers Willen. Es ist kaum anzunehmen, dass die Frauen das beabsichtigt haben. Zumindest nicht alle. Auch ich habe einst geglaubt, ein außereheliches Verhältnis kontrollieren zu können. Die Erfahrung hat mich eines Besseren belehrt.

Vielleicht beginnen wir aber solche Verhältnisse auch, weil wir tief in uns drin spüren, dass wir aus unserer festen Beziehung herauswollen, aber nicht den Mut haben, es uns einzugestehen, geschweige denn, entsprechende Schritte einzuleiten. Wir brauchen jemand Anderen, der oder die uns hilft, da herauszukommen. Das gilt in unserer Gesellschaft besonders für Frauen. Zu Recht oder zu Unrecht wird uns unterstellt, die besseren, die rücksichtsvolleren, die gefühlsbetonteren, die anständigeren Menschen zu sein. Das ist eine enorme psychologische Bürde, wenn wir zunächst nur dumpf verspüren, dass wir aus der bestehenden Beziehung herausmüssen. Da jede und jeder weiß, dass Männer Schweine sind – so fasste ein Freund meine Überlegungen in klare Worte –, ist die Gesellschaft eher geneigt, ihnen Schweinereien zu vergeben, was wiederum zur Folge hat, dass es ihnen leichter fällt, sich schlecht zu benehmen. Sie waren nie so hoch angesehen, deshalb können sie nicht so tief fallen.

Wir aber, die wir so hoch standen, fallen tief – und das sowohl in den Augen der anderen, als auch in den eigenen. Dieser Mechanismus erklärt vielleicht auch, warum in nicht so lange zurückliegenden Zeiten (wenn sie denn überhaupt zurückliegen) betrügende Frauen viel schärfer beurteilt wurden als betrügende Männer. Die Frau war sogleich eine Schlampe, ein Dreckstück oder gar eine Hure, was ausschließlich negative Bezeichnungen sind, während der Mann ein Schlawiner, ein Herzensbrecher, ein Schwerenöter, ein Frauenheld war, worin immer ein Teil Bewunderung mitschwang.

Da es uns also die viel größeren Schwierigkeiten bereitet, uns schlecht zu benehmen, brauchen wir jemanden, der uns aus unserer misslichen Lage geradezu herausboxt. Mit diesem unterschwelligen Gefühl in uns sind wir leichte Beute für einen potentiellen Geliebten. Dem gaukeln wir dann die große Liebe vor. Wir tun das noch nicht einmal böswillig – schließlich glauben wir ja selbst, was wir da so ekstatisch verbreiten. Sex von Liebe zu trennen, also auseinanderzudividieren, ob das heiße Gefühl für den Neuen unseren Geschlechtsorganen oder unserem Herzen entspringt, ist ein extrem schwieriger Vorgang, der den wenigsten gelingen dürfte. Ich habe einmal ungefähr drei Jahre dafür gebraucht.

Bei dem Vorgang, sexuelle von emotionalen Gefühlen zu unterscheiden, sind Frauen keineswegs besser als Männer. Ich war fassungslos, als eine Freundin von mir nach vier Wochen Urlaubsliebschaft den einheimischen Liebhaber aus Barbados nach Deutschland nachkommen lassen und heiraten wollte! Dabei hätte ich es wahrlich besser wissen müssen, schließlich hatte mich meine eigene Libido einst auch ganz schön hinweggefegt. Aber ich war damals eine unerfahrene, altmodische Ehefrau gewesen – jahrelang treu und von nichts eine Ahnung; die Freundin gehört hingegen der neuen Generation Frauen an, und das nicht nur altersmäßig: selbständig, selbstbewusst, mit eigenem Einkommen und dem eigenen Vergnügen klar im Auge. In der festen Überzeugung, dass es meine Freundinnenpflicht war zu versuchen, die Freundin von dem größten Fehler ihres Lebens abzuhalten, e-mailte ich ihr: „Ich dachte bisher, nur Männer seien schwanzgesteuert. Wieder eine Illusion weniger." Zu diesem Zeitpunkt hätte ich aber – wenn ich denn schon klar genug in meine eigene Vergangenheit geblickt hätte – diese Illusion gar nicht mehr haben dürfen. Mea culpa, liebe Freundin!

Glücklicherweise war der Schutzengel der Freundin hellwach: Zunächst gewann sie (es besteht für mich kein Zweifel daran, dass der Schutzengel einer Frau weiblich ist; in der Werbeserie einer großen Versicherung sind übrigens auch die Schutzengel von Männern weiblich), ihr Schutzengel gewann also erst einmal Zeit, indem sie die Ausreisegenehmigung des Mannes aus Barbados verhinderte. Und dann – nun ja, und dann konnte sie sich zurücklehnen und die Zeit für die Freundin arbeiten lassen. Ein schlaues Mädchen, dieser Schutzengel, muss sie doch gewusst haben, dass sexuelles Feuer – wie jedes Feuer – Nahrung braucht, um nicht zu verlöschen. Den glücklich ausgehenden Rest können Sie sich denken.

Zur Solidarität mit anderen Frauen gehört für mich seit meiner eigenen leidvollen Erfahrung nun auch, unter keinen Umständen mit den Männern anderer Frauen ins Bett zu gehen. Die Männer meiner Freundinnen waren natürlich immer schon tabu, aber seither betrifft das Tabu alle gebundenen Männer. Eine Freundin fand, mit diesem Entschluss sei ich sehr hart zu mir selbst. Das sehe ich nicht so. Es lässt sich leicht zu einem frühen Zeitpunkt herausfinden, ob der Mann in einer festen Beziehung mit einer anderen ist. Zum Beispiel bräuchte ich ihn nur danach zu fragen. Und sollte er das bejahen oder – was wahrscheinlicher ist – auch nur verbal ins Schlingern geraten, zahle ich meinen Kaffee und gehe. Solange ich meiner Libido noch keine Chance gegeben habe, mich komplett einzunebeln, ist das ein relativ harmloser, leicht durchzuführender Vorgang.

Vielleicht ist das der richtige Zeitpunkt, Ihnen von meiner grandiosen Nebelmaschine zu erzählen. Sie kennen sicherlich aus dem Theater, der Oper oder dem Musical solche Maschinen, die Bühnennebel produzieren können. Wenn irgendetwas in mir beginnt, sich stärker für einen Mann zu interessieren, wird automatisch diese Maschine in mir angeworfen. Sie produziert hervorragenden, dichten Nebel. Gleichzeitig laufen die Scheinwerfer meiner Lichttechnik zu Hochformen auf: Sie lassen den Nebel in wunderschönem Rosarot erscheinen. Inmitten des herrlichen Nebels steht der Mann auf einem Sockel, auf den ich ihn gestellt habe. Viel lässt sich durch den rosaroten Nebel nicht von ihm erkennen. Nach zwei oder drei Theaterstunden (= zwei oder drei Lebensjahren) ist die Energie meiner Nebel- und meiner

Lichtmaschine aufgebraucht, und beide kommen zum Stillstand. Ganz langsam fällt der Nebel nun zu Boden, und der Mann auf dem Sockel wird sichtbar. Zu meiner großen Enttäuschung ist er nackt – wie der Kaiser im Märchen. Und ein Kaiser ist er nun auch nicht mehr. Nicht einmal mehr für mich.

Solange ich also das Weite suche, bevor meine großartige Bühnentechnik angesprungen ist, erfordert das keinen Kraftakt, auch das habe ich ausprobiert. Aber wenn ich mir erst wieder einbilde, dieser sei jetzt aber ganz bestimmt der Mann fürs Leben (ich weiß nicht einmal mehr genau, wie oft ich das in meinem Leben schon geglaubt habe; ich hätte Striche machen sollen), dann hat Selbstkontrolle keine Chance mehr. Mit Rücksicht sowohl auf sich selbst, als auch auf andere Menschen, die durch Ihr Handeln leiden könnten, möchte ich Ihnen nahelegen, auch einmal einen scharfen Blick auf Ihre Technik der Selbsttäuschung zu werfen. Dass die Welt voller Leid ist, wie nicht nur die Buddhisten sagen, ist zwar zutreffend, aber sie wäre nicht ganz so voll davon, wenn wir uns alle ernsthafter bemühten, vor allem uns selbst – um auf Nehru zurückzukommen – zu bessern.

Wenn Sie diejenige sind, die verlassen wurde, sind Sie aller Wahrscheinlichkeit nach in der schlechteren Lage. Da ich, wie gesagt, auch schon in dieser Position gewesen bin, möchte ich versuchen, Ihnen bei der Bewältigung dieser Katastrophe zu helfen. Wenn Sie es nicht als Katastrophe empfinden, umso besser.

Eine Bekannte von mir bekundete einst ihre Überraschung darüber, dass meine Trennung erst drei Jahre zurücklag, und es mir so offensichtlich gutging. Über den Berg war ich für mich spürbar nach einem Dreivierteljahr. Denselben Zeitraum hat in einer vergleichbaren Situation einer meiner Brüder genannt. Die Meinungen der Fachleute darüber, wie lange der Mensch brauche, um mit dem Verlust eines Lebenspartners durch Tod oder durch Trennung fertigzuwerden, gehen auseinander. Die PhilosophInnen Marit Rullmann und Werner Schlegel fassen die Forschungsauffassungen dahingehend zusammen, dass in etwa ein Jahr zur Bewältigung gebraucht werde. In anderen Quellen fand ich die Meinung, die Trauerphase dauere mindestens zwei Jahre.

Mir scheint, dass die oder der Trauernde die Länge dieser Phase selbst ganz erheblich beeinflussen kann. Die soeben erwähnte Bekannte, die sich über die Kürze meiner Trauerphase gewundert hatte, erzählte mir dann von sich die folgende Geschichte. Mit 49 Jahren und mit vier Kindern war sie von ihrem Mann wegen einer Anderen verlassen worden. Acht Jahre später lernte sie ein Ehepaar kennen. Kurz darauf fragte die Ehefrau sie, ob sie „kürzlich" geschieden sei. Da erst wurde ihr klar, dass sie die Trennung noch immer nicht verwunden hatte und suchte endlich professionelle Hilfe auf.

Lassen Sie es nicht soweit kommen! Gehen Sie Ihr neues Leben – auch wenn es Ihnen wie mir aufgezwungen wurde – aktiv an. Gestatten Sie Ihrem Ex nicht, Ihre Zukunft zu zerstören; er hat wahrlich schon genug zerstört. Gehen Sie zu Menschen, denen Sie vertrauen können, und sprechen Sie offen mit ihnen über Ihre Gefühle. Es sollten aus zwei Gründen zwei, drei oder auch vier Menschen sein: Zum einen wird Ihnen bei jedem neuen Gespräch mit einem anderen Menschen deren oder dessen Auffassung neue Erkenntnisse bringen. Zum anderen – lassen Sie mich das ganz offen sagen – mutet man seinen Freundinnen und Freunden als BegleiterInnen in dieser schwierigen Lebenssituation eine ganze Menge zu. Es ist für sie wirklich nicht einfach, immer und immer wieder stundenlange Gespräche über das ewig gleiche Thema geduldig durchzustehen und dabei die

Verzweiflung und das Leid der anderen zu ertragen. Haben Sie also Verständnis dafür, wenn die FreundInnen während dieses Jahres einmal eine Auszeit brauchen; das ist legitimer Selbstschutz. Aber genieren Sie sich auch nicht, ihre ganze Verletzung zum Ausdruck zu bringen. Verletzte Gefühle sind etwas ganz Normales. Sollten Sie im privaten Umfeld keine Menschen dafür haben, erkundigen Sie sich unter allen Umständen nach Gesprächskreisen der Volkshochschulen, kirchlicher Einrichtungen und Ähnlichem. Sie müssen Ihre Gefühle jetzt unbedingt aus sich herauslassen oder herausbringen. Fressen Sie sie nicht in sich hinein, sonst werden Sie sie nie richtig los.

Zusätzlich zu den privaten Gesprächen sollten Sie eine Therapie machen. Die Zeiten sind lange vorbei, in denen laut gängigem Vorurteil nur US-Amerikaner und mehr oder minder Verrückte zu Psychiatern gingen. In einer so schwierigen Lebenssituation sollten Sie jede Hilfe annehmen, die Ihnen geboten wird. Professionelle Hilfe ist neben der wichtigen privaten sehr zu empfehlen.

Für den Fall, dass es für Sie von Interesse ist, hier mein persönliches Vorgehen in Kürze: Nach sechs Monaten massiver Depression in dem Dreieck wurde mir klar, dass ich entgegen meiner Annahme nicht allein aus der Depression herauskommen würde. Da ich nicht wusste, woher einen Therapeuten oder eine Therapeutin nehmen, ging ich zu meiner Hausärztin. Die half mir sowohl beim Auffinden eines passenden Therapeuten als auch bei der notwendigen Abwicklung mit meiner Krankenkasse, was im übrigen problemlos war, obgleich ich Kassenpatientin bin.

Die Entscheidung, zu einer Frau oder zu einem Mann zu gehen, kann unterschiedlich ausfallen. Während es für mich überhaupt keine Frage ist, dass eine Frauenärztin weiblich sein muss, lässt sich das für eine Therapie nicht so einfach entscheiden. Suchen wir jemanden, die die Welt aus demselben Blickwinkel sieht, ist eine Frau vorzuziehen. In meinem Fall aber hatte ich genügend Frauen, die gewillt waren, mir mit Rat und Tat zur Seite zu stehen und die die Welt aus demselben weiblichen Blickwinkel sahen wie ich. Was mir fehlte, war daher die Sichtweise eines Mannes. Im Nachhinein weiß ich, dass meine Entscheidung für mich die richtige gewesen war. Nicht im Einklang mit der Ansicht meines Therapeuten, sondern im deutlichen Gegensatz dazu fand ich meinen Weg.

Während dieser Zeit redete ich endlose Stunden mit meinen Freundinnen und Freunden, ging ich ins Kino, ins Theater, zu Vorträgen und Kursen, joggte ich täglich (es ist sehr zu empfehlen, sich körperlich zu verausgaben), richtete ich meine Wohnung neu ein, las ich psychologische Ratgeber, die mir empfohlen worden waren, lud ich meine – vernachlässigten – Freunde beiderlei Geschlechts zu viert, zu sechst, zu zehnt zu mehrgängigen Menüs zu mir ein, begann ich erstmals in meinem Leben zu backen, feierte ich eine Sylvester- und eine Karnevalsparty in meiner Wohnung, während ich mit zunehmender Lust meinen Ex demontierte (er möge es mir verzeihen, der Zweck heiligte hier die Mittel). Bei all dem half es mir enorm, festzustellen, dass zwar der eine Mensch, der mir so wichtig gewesen war, mich offensichtlich nicht mehr so liebenswert fand, dass aber genügend andere Menschen vorhanden waren, die meine Gesellschaft schätzten. Bei mir gehörten auch meine engsten Verwandten dazu, und vielleicht ist das eine Gelegenheit für Sie, vernachlässigte verwandtschaftliche Kontakte wieder aufzunehmen. In den allermeisten Fällen sind die vernachlässigten Verwandten froh über die erneute Annäherung. So nicht, war es den Versuch zumindest wert.

So wichtig Hilfe von außen auch ist, letztendlich sind nur Sie selbst in der Lage, Ihr Problem zu lösen. Niemand anderes kann das für Sie tun. Verharren Sie nicht in Selbstmitleid, Schuldzuweisungen, schönen Erinnerungen und vermeintlich zukunftsträchtigen Illusionen. Konkret ist damit gemeint: Reden Sie sich nicht ein, Sie seien die einzige, der so übel mitgespielt worden ist und der es so schlecht geht. Denken Sie nicht stundenlang darüber nach, wie schuldig der Andere – und allein der Andere – an Ihrem Elend gewesen ist. Schwelgen Sie nicht in vergangenen gemeinsamen Glücksmomenten, die Jahrzehnte zurückliegen oder bei genauerem Betrachten, so schön gar nicht gewesen sind. Malen Sie sich nicht aus, was wäre, wenn er sie morgen kniefällig um Vergebung und Wiederaufnahme der Beziehung bitten würde.

Packen Sie Ihr Leben stattdessen jetzt sofort an. Suchen Sie Möglichkeiten, Menschen kennenzulernen, und sich zu beschäftigen. Verklären Sie nicht die Vergangenheit und den dazugehörigen Mann, im Gegenteil, demontieren Sie ihn. Das halte ich für eine ganz große Hilfe. Reden Sie sich nicht schön, was für ein toller Mann er gewesen ist. Sehen Sie genau hin. Vergegenwärtigen Sie sich seine Macken, seine Schwächen, seine Fehler. Davon hat jeder Mensch reichlich, es dürfte also nicht schwierig sein. Teilen Sie Ihre Angriffe ruhig mit Ihren Freundinnen. Lachen und schimpfen Sie mit ihnen über diesen Ex und über alle Männer. Übertreiben Sie ruhig dabei. Seien Sie ruhig ungerecht. Es geht hier darum, Sie schnell heilen zu lassen, nicht darum, jemandem gerecht zu werden. Lassen Sie kein gutes Haar an ihm. An dem Tag, an dem Sie froh sind, ihn losgeworden zu sein, haben Sie gewonnen. Und wenn Sie mir die Bemerkung gestatten, dürfte das in vielen Fällen der Wahrheit sehr nahekommen.

Weil die Aggressivität meiner Äußerungen Sie erschrecken mag, hier ein kleiner Exkurs über Aggression. Ebensowenig wie Sie zu einer Zimtziege werden, wenn Sie beginnen, ein wenig mehr auf Ihre eigenen Bedürfnisse zu achten, ebensowenig werden Sie ein Schwein, wenn Sie einen Teil Ihrer Aggressionen herauslassen. Das Unterdrücken von Aggressivität halten Fachleute für ein großes weibliches Problem. Sicherlich haben Sie schon einmal davon gehört, dass es Menschen gibt, die nachts mit den Zähnen knirschen. Es wird geschätzt, dass ein Drittel aller Erwachsenen das tut. Von diesen Millionen von Menschen sind 80 Prozent Frauen! Die Psychotherapeutin Gundula Körber von der Universitätsklinik Kiel erklärt: „Diejenigen, die den Mund nicht aufmachen dürfen, sind besonders gefährdet, nachts mit den Zähnen zu knirschen."

Ein anderer Psychotherapeut, Günter Scheich, weist darauf hin, dass die gesunde Seele auch negative Gefühle brauche: „Wut, Ärger und Aggression haben wichtige Funktionen. Sie dienen der Selbsterhaltung und führen in der Regel zu einem produktiven, positiven Ergebnis." Und der Hamburger Familientherapeut Jan-Uwe Rogge, der sich vor allem mit aggressiven Kindern befasst, vertritt die Auffassung, dass es ohne Aggression keine Entwicklung, keine Kreativität, keine Selbstständigkeit gäbe.

Entwicklung zur Selbständigkeit ist unter anderem, was ich Ihnen nahebringen möchte. Wir waren gedanklich an einem Punkt in Ihrem Leben, an dem Sie sich lösen müssen, um selbständig werden zu können. Als Verfahren, sich emotional von ihrem Ex-Helden zu lösen, empfahl ich Ihnen das aggressive Demontieren desselben. Dieses Verfahren kann ich Ihnen doppelt ans Herz legen, weil nicht nur ich es mit großem Erfolg ausprobiert habe. Kaum dass ich selbst damit begonnen hatte, rief eine gute Freundin meines Ex an, die schon vier Jahre lang damit beschäftigt war, eine große Enttäuschung auch im Zusammenhang mit einer Dreiecksgeschichte zu verwinden. Die Parallelen zwischen ihrer und meiner Geschichte waren so offenkundig, dass wir darüber zu engen Freundinnen wurden. Ich glaube, es war schon bei unserem ersten Gespräch, als sie kategorisch behauptete, ich werde nicht wie sie vier Jahre für die Bewältigung brauchen. Damit hatte sie zwar Recht, aber was ich dabei für entscheidend halte, ist die Tatsache, dass ich nicht wie sie Anfang 30, sondern schon Anfang 50 war, als mir die Enttäuschung widerfuhr. Ich war zu alt geworden – Sie wissen inzwischen, dass ich das positiv meine –, hatte wie jeder Mensch in meinem Alter zuviel erlebt, um einem einzigen Menschen noch sehr viel länger zu gestatten, mir mein Leben zu verderben. Meiner jungen Freundin gelang es dann auch bald, sich endlich emotional von dem Verflossenen zu lösen und positiv in die Zukunft zu blicken.

Wenn Sie darüber nachdenken, wie Sie am besten und am schnellsten wieder auf die Beine kommen, ist ein ganz wichtiger Punkt, dass Sie den für sich richtigen Weg im Umgang mit Ihrem Ex finden. Wenn ich es richtig einschätze, dann halten viele Menschen Kontakt zu ihren Verflossenen. Wenn Sie in aller Freundschaft auseinandergegangen sind, dann ist das natürlich einleuchtend und wahrscheinlich in Ordnung für Sie. Wenn Sie gemeinsame Kinder haben, ist es im Interesse der Kinder sogar unvermeidlich.

Hier sind wir bei einem ganz prekären Punkt angekommen. Ich gehe in diesem Buch der Einfachheit halber davon aus, dass die Kinder einer Frau über 50 erwachsen und daher bei den Lebensentscheidungen ihrer Mutter nicht mehr zu berücksichtigen sind. Sollten minderjährige Kinder von der Trennung betroffen sein, bekommt die Trennung eine ganz andere Dimension. Dann kann es nicht mehr nur darum gehen, den für Sie richtigen Weg aus der Lebenskrise herauszufinden, dann sind auch die Gefühle der betroffenen Kinder zu berücksichtigen. Da es mein Eindruck ist, dass das Leid der Kinder bei vielen Trennungen und Scheidungen zu wenig Beachtung durch die Erwachsenen findet, wird mein nächstes Buch davon handeln. Lassen Sie mich Ihnen bis dahin nur kurz ein paar Worte mit auf den Weg geben.

Nur weil Sie sich von Ihrem Partner (Ihrer Partnerin) trennen wollen, wollen sich die Kinder noch lange nicht von ihrem Vater (oder ihrer Mutter) trennen. Kinder haben nach meiner Beobachtung ein naturgegebenes Bedürfnis nach einer intakten Familie. Auch wenn sie in dieser Zeit, in der ein Loyalitätskonflikt sie zwischen Mutter und Vater hin- und herreißt, ihr Leid nicht auf der Zunge tragen, unterschätzen Sie das Ausmaß der Verletzung Ihrer Kinder nicht. Nehmen Sie jedwede Rücksicht auf Ihre Kinder, denn sie sind die Schwächsten in dieser Katastrophe: Sie werden nicht gefragt, was sie gern hätten; sie können sich nicht wehren; sie können weder FreundInnen davon erzählen noch TherapeutInnen aufsuchen.

Wenn Sie aber keine oder keine minderjährigen Kinder mit dem Ex verbinden und wenn Sie die Verletzte sind, dann haben Sie die Freiheit, sich sehr ernsthaft zu überlegen, ob und warum Sie den Kontakt zu dem Menschen, der Ihnen so wehgetan hat, aufrechterhalten wollen. Lassen Sie sich von niemandem einreden, dass das nötig sei, dass sich das so gehöre, dass man das so mache, oder dass es grundsätzlich gut für Sie sei. Lassen Sie es sich auch nicht von ihrem Ex-Partner einreden. Männer, die im allgemeinen ihre eigenen Bedürfnisse viel besser vertreten als wir, versuchen gern der Ehemaligen einzureden, ‚Freunde zu bleiben' sei doch im beiderseitigen Interesse. Bei genauem Hinsehen ist es aber meist nur in ihrem Interesse. Ich kenne sogar Fälle, in denen der Ex die neue Partnerschaft ausgerechnet mit derjenigen besprach, die er deswegen verlassen hatte. Das ist offensichtlich der Gipfel der Gefühllosigkeit – allerdings aus Sicht der Männer verständlich: Da Männer in der Regel bei weitem nicht so viele gute FreundInnen haben wie wir, wollen sie sich die verflossene Partnerin als Freundin warmhalten.

Lassen Sie das nicht mit sich machen, wenn Sie nicht sicher sind, dass Ihnen das wirklich etwas bringt. Sie allein können und müssen herausfinden, was für Sie richtig ist. Hören Sie in sich hinein. Sollten Sie das nicht können, ist jetzt genau der richtige Zeitpunkt, es zu lernen. Wenn Sie diejenige waren, die verletzt hat, dann lassen Sie hingegen den Ex-Partner entscheiden, ob er den Kontakt zu Ihnen aufrechterhalten will. Der oder diejenige, die verletzt worden ist, sollte bestimmen, was für sie gut ist und was nicht. Und was immer die oder der Verletzte entscheidet, ist zu respektieren.

Auch mir hatte eine wohlmeinende Verwandte nahegelegt, den Kontakt zu meinem Ex aufrechtzuerhalten mit dem Argument, so viele Freunde habe man im Leben nicht, und es sei daher wichtig, sich diesen zu erhalten. Warum ich mir ausgerechnet denjenigen erhalten sollte, der mich so tief enttäuscht hatte, erklärte sie mir nicht weiter. Sie schien sich auch nicht zu fragen, ob auf der Basis eines solchen Vertrauensbruchs eine Freundschaft überhaupt aufzubauen sei. Glücklicherweise war mein Gespür für das, was für mich richtig war, im eigentlichen Moment der Trennung stärker. Ich machte unmissverständlich deutlich, dass ich auf keine Art und Weise von ihm hören wollte, bis ich von mir aus in der Lage wäre, ihm wieder zu begegnen.

Vier Monate später war ich soweit und bat ihn um ein offenes Gespräch. Auch das war richtig. Für mich richtig – und nur darum geht es mir im Augenblick. Es gab eine Reihe von Punkten, für die ich nun in der Lage war, eine Klärung zu suchen. Diese Klärung führte mich innerhalb weniger Tage zu der Erkenntnis, dass es nun nichts mehr gab, das uns verband. Ich schrieb einen letzten langen Brief, in dem ich alles ansprach, was von meiner Seite aus noch gesagt werden musste. Für diesen Brief habe ich mir mehrere Tage Zeit genommen, um wirklich alles, was mir noch auf der Seele lag, loszuwerden und auch um bei jedem Punkt einen sachlichen aber deutlichen Ton zu finden. Eine solche letzte Klärung für sich selbst kann ich Ihnen auch empfehlen. Wie es bei meinem Gegenüber angekommen ist, weiß ich nicht, und es ist auch egal. Für mein Seelenheil war es wichtig, dass nichts übrigblieb, das ich noch hätte sagen müssen. Ich glaube, das ist ähnlich wie mit einem Verstorbenen. Wenn nichts mehr zu sagen übriggeblieben ist, muss sich die oder der Zurückgebliebene nicht den Rest des Lebens mit Selbstvorwürfen über verpasste Gelegenheiten quälen. Auf diese Weise dreht sich unser Kopf auch nicht monatelang um Dinge, die wir noch unbedingt hätten sagen müssen. Ist alles gesagt, alles erledigt, können wir den Kopf freimachen und loslassen.

Noch ein Wort zum Vergeben. Nicht nur mein Therapeut, auch eine Reihe anderer Menschen, die ich persönlich kannte oder die einschlägige Ratgeber schrieben, waren der Auffassung, dass Vergeben eine ganz wichtige Voraussetzung für meine Genesung wäre. Dabei wird es immer so dargestellt, als seien es die Starken, die menschlich Großen, die vergeben können, und als sei es menschliche Unfähigkeit, nicht zu vergeben. Zudem wird uns vermittelt, nur wenn wir vergeben, könnten wir loslassen und nur dann uns positiv neuen Dingen zuwenden.

Instinktiv war ich dennoch von Anfang an dagegen. Es leuchtete mir nicht ein, dass das Vergeben mir zugefügter Kränkungen mich weiterbringen würde. Mir schien, es wäre vor allem für den Kränkenden eine Entlastung – und warum sollte ich den wohl entlasten wollen?! Vor allem aber hat es auch wieder so etwas unangenehm Weibliches: Zwar ist der Frau sehr übel mitgespielt worden, aber natürlich vergibt sie dem Mann. Aggressionen verleugnen, Verletzungen herunterspielen, lieb sein, vergeben und vergessen – da sind sie wieder die typisch weiblichen ‚Qualitäten', die uns unsere Erziehung auferlegt hat und die in unserem Leben soviel Unheil anrichten können.

Diese Überlegungen führten dann dazu, dass ich meine zunächst instinktive Ablehnung des Vergebens mit einem bewussten Entschluss dagegen abschloss. Ich halte das auch rückblickend betrachtet für mich für die richtige Entscheidung. Ich habe nicht den Eindruck, dass meine Unwilligkeit zu vergeben, mein Seelenheil bedrückt hat oder bedrückt. Es war hingegen meine aktiv ausgelebte Aggression auf den Verflossenen, die mir mehr geholfen zu haben scheint als das passive Hinnehmen, Akzeptieren, gar Vergeben der Verletzungen.

In einem Bericht über eine Forschung an der renommierten Stanford-Universität in Kalifornien im Jahre 2003 heißt es, vergeben lasse sich lernen und sei gesund. „Wer verzeihen kann, lebt zudem nicht nur seelisch, sondern auch körperlich gesünder." Aber bei genauem Betrachten der Untersuchung geht es gar nicht vordringlich um Vergeben. Die TeilnehmerInnen an der Forschung waren Menschen, die gekränkt worden waren. Sie wurden dazu aufgefordert, über die ihnen zugefügten Kränkungen zu diskutieren und „innere Zwiegespräche mit dem Übeltäter" zu führen. Danach ging es den meisten von ihnen besser. Und jetzt erst – also als es ihnen bereits besser ging – erklärten die meisten von ihnen, nun auch bereit zu sein zu vergeben.

Der wesentliche Kern dieses Programms ist also gar nicht das Vergeben, sondern die aktive persönliche Auseinandersetzung und Aussprache mit anderen Menschen über die Kränkungen, woraus dann möglicherweise die Bereitschaft zu vergeben entsteht. Wie ich schon anmerkte, habe ich stundenlang sowohl mit meinem Therapeuten als auch mit meinen Freundinnen über die mir zugefügten Kränkungen gesprochen, und ich kann Ihnen das nur wärmstens empfehlen. Wenn wir uns auf diese Weise mit den Verletzungen auseinandergesetzt haben, geht es uns sicherlich besser. Ob daraus aber zwingend folgen sollte, danach zur Vergebung bereit zu sein, möchte ich jeder einzelnen selbst überlassen. Wenn es für Sie richtig ist, wenn Sie der Meinung sind, dass es das ist, was Ihnen weiterhilft, dann sollten Sie natürlich versuchen zu vergeben. Aber ich möchte Ihnen auch dringend nahelegen, sich von dem Zwang zur Vergebung zu befreien, wenn Sie den Eindruck haben, dass das nicht Ihre Art der Bewältigung ist. Meine ist es nicht, und ich bin sehr gut damit gefahren, meine eigene Form der Bewältigung herauszufinden und umzusetzen. Ich habe dabei feststellen können, dass wir entgegen allgemeiner Behauptungen in der Lage sind, auch ohne vorherige selbstverleugnende Vergebung loszulassen.

Irgendwann hatte sich dann das ganze Thema für mich einfach erledigt. Es ist wohl tatsächlich so, dass die Zeit alle Wunden heilt. Wochen- und monatelang halten wir es für völlig ausgeschlossen, jemals wieder positiv in die Zukunft schauen zu können; jemals diese enormen Verletzungen verwinden zu können, die Kränkungen, die Enttäuschungen, die Erniedrigungen. Und dann ist es doch irgendwann einmal vorbei. Einfach vorbei. Aber wie bereits beschrieben, können Sie sehr viel dazu tun, diesen Prozess zu beschleunigen. Er muss sich nicht über mehrere Jahre hinziehen.

Das bringt mich noch zu einer Bemerkung über Menschen, die aus mir nicht nachvollziehbaren Gründen selbst diejenigen sind, die das eigene Elend nicht loslassen können. Vordergründig behaupten sie zwar, daran zu arbeiten, aber tatsächlich halten sie innerlich mit aller Kraft daran fest. Es scheint ihnen irgendetwas zu geben, die/der Elende, Verlassene, Trauernde, Gekränkte zu sein. Sie tragen diese Rolle geradezu vor sich her: Jeder Mensch soll sehen, wie schlecht es ihnen geht. Ich weiß, um ehrlich zu sein, nicht was sie dazu bewegt, aber ich weiß, dass es ihnen nicht gut tut. Es ist nicht schwer, das zu wissen, denn außer den Betreffenden selbst sieht es jede und jeder.

Für eine gewisse Zeit ist es wahrscheinlich in Ordnung und unerlässlich, sich im Selbstmitleid zu suhlen. Aber dann muss es auch gut damit sein. Der eigene Selbsterhaltungstrieb sollte uns eigentlich sagen, dass wir damit nur die Dauer unseres Elends verlängern. Außerdem dürfte die Vorstellung, die dahintersteckt, dass es nämlich niemandem so schlecht geht wie uns selbst, mit der Realität wenig gemein haben. Es dürfte im Gegenteil eher der Wahrheit entsprechen, dass es Abertausende von Menschen auf dieser Erde gibt, denen es erheblich schlechter geht und das ohne jede Aussicht auf Besserung.

Wenn Sie in sich spüren, dass Sie auch nach einer gewissen Zeit immer noch nicht die Kraft in sich finden, sich aktiv aus Ihrem Elend zu befreien, dann brauchen Sie – wie ich schon mehrmals betont habe – professionelle Hilfe. Dann sind Sie wahrscheinlich in einer tiefen Depression, aus der Sie allein nicht herausfinden. Das ist nichts Ehrenrühriges und in Ihrer Situation verständlich, aber Sie dürfen in Ihrem ureigensten Interesse nicht darin verharren.

Wir hatten über den für Sie richtigen Umgang mit dem Ex-Partner nachgedacht. Nun ist auch noch zu überlegen, von welchen Verwandten und FreundInnen Ihres Ex Sie sich noch verabschieden und zu welchen Sie den Kontakt aufrechterhalten möchten. Es ist für Ihren eigenen Seelenfrieden wichtig, klar Schiff zu machen. Lassen Sie nichts ungeklärt. Das ist wieder genauso wie bei der Verabschiedung von einem Verstorbenen: Wenn wir alles geklärt, nichts ungesagt gelassen haben, können wir loslassen.

Einen Brief, eine Postkarte oder eine E-mail würde ich dem Telefonat hier vorziehen, weil es den Betreffenden ermöglicht, den Kontakt ihrerseits abzubrechen. Sollten sie das tun, nehmen Sie es nicht tragisch. Es ist ebenso deren gutes Recht, sich von Ihnen zu trennen, wie es Ihr gutes Recht ist, sich von denen zu trennen. Bedenken Sie auch, dass wir uns entwickeln und dass deshalb nicht alle unsere FreundInnen und Bekannten uns unser ganzes Leben lang begleiten sollten, sondern dass zu verschiedenen Lebensabschnitten möglicherweise verschiedene BegleiterInnen gehören.

Häufig sind z. B. im Freundeskreis eines Paares fast ausschließlich Paare anzutreffen. Nun ist es aber auch meistens so, dass einem nur die oder der eine der beiden Menschen wirklich gefällt, während wir die oder den anderen zwangsläufig ‚gratis' mit dazubekommen. Jetzt, da Sie allein sind, könnte es durchaus sein, dass Sie gar nicht mehr paarweise verkehren möchten. Jetzt sind Sie in der wunderbaren Lage, sich einzelne Personen aussuchen zu können. Betrachten Sie also den Verlust alter FreundInnen nicht grundsätzlich als negativ. Er beinhaltet auch positive Elemente.

Es kann außerdem sein, dass es für Ihre Zukunft besser ist, wenn Sie Ihren neuen Weg nicht mit ‚Altlasten' beginnen. Vor langen, langen Jahren hat sich einmal eine junge Frau von mir getrennt, mit der mich während ihrer Ehe mit einem sehr engen Freund von mir ein herzliches Verhältnis verband. Ich hatte ihr durch ihre äußerst schmerzhafte Trennung hindurch beigestanden, hatte ihr beim Umzug in ihre eigene kleine Wohnung geholfen und noch ihren ersten neuen Partner kennengelernt. Dann zog sie sich von mir zurück. Mein Gesicht, mein Wesen, meine Person waren ständige Begleiter ihrer Ehe gewesen, und unsere Vertrautheit war während ihrer Trennungsphase wichtig für sie gewesen. Aber dann war sie bereit für ein neues Leben, und ich hätte sie ständig an das alte erinnert.

Während ich Ihnen das erzähle, füllen sich meine Augen mit Tränen. Ich weine einer längst vergangenen Freundschaft und einer vergangenen Zeit meines Lebens nach, und das ist völlig in Ordnung. Aber es kann kein Zweifel darüber bestehen, dass es für meine Freundin von damals richtig war, ihr neues Leben nicht mit mir zu belasten.

Ich erzähle Ihnen das nicht, um zu behaupten, wir müssten uns grundsätzlich von den alten FreundInnen trennen. Aber es kann Fälle geben, in denen das richtig ist. Wiederum möchte ich Sie dazu ermutigen, bei sich – und nur bei sich – zu gucken, um herauszufinden, was für Sie richtig ist. Danach müssen Sie das Erkannte ‚nur noch' umsetzen.

Neue Männer braucht die Frau …

Eine Frau ohne Mann kann keinen Mann treffen, ohne – vielleicht nur für eine halbe Sekunde – zu denken, vielleicht ist das *der* Mann.
Doris Lessing

Möglicherweise müssen Sie auf Ihrem Weg zu einem herrlichen Leben allein einen kleinen Umweg machen. Ich musste das auch. Auf die oben beschriebene Weise vergingen die ersten vier Monate nach der Trennung bis ich soweit war, mich gedanklich auf einen neuen Mann in meinem Leben einstellen zu können. Realistisch wie ich nun einmal bin, war mir inzwischen klargeworden, dass es in meinem Alter – mit Anfang 50 – nicht mehr so einfach war, einen Mann kennenzulernen. Das scheint mir nicht nur daran zu liegen, dass wir nicht mehr in Discos verkehren, sondern an einem anderen Phänomen. Kontakte zwischen zwei Menschen gleich welchen Geschlechts beginnen in aller Regel mit körperlicher Anziehung. Wir suchen uns eher selten einen Partner, weil wir gleiche Interessen und den gleichen Hintergrund haben oder gleiche Charaktere sind. Wir reagieren auf blaue Augen, volles Haar, schöne Körper, eine klangvolle Stimme und ähnlich sekundäre Merkmale mehr. Zwar nehmen wir Männern übel, dass sie vor allem auf unsere körperlichen Attribute reagieren, weil wir um unser Selbst willen geliebt sein wollen; aber einmal abgesehen davon, dass ich noch nie eine Frau getroffen habe, die behauptet hat, von einem Penis angezogen worden zu sein (auch wenn manche Männer sich das einbilden), so reagieren doch auch wir zuallererst auf körperliche Attribute.

Diese persönlichen Beobachtungen und Erfahrungen werden einmal mehr von den Fachleuten bestärkt. Sie haben herausgefunden, dass wir alle uns mehrheitlich von Körpermerkmalen angezogen fühlen. Die österreichische Sexualforscherin Gerti Senger bezeichnet „das gewisse ‚Etwas'", das unter die Haut geht, als bedeutend. In einer Umfrage für die *New Woman* wurden insbesondere Augen, Lächeln und Hände des Mannes von Frauen als für sie besonders wichtig eingestuft. Dieselbe Umfrage deckte zudem auf – und ich will Ihnen diese wichtige Information keinesfalls vorenthalten –, dass Frauen die Penislänge eines potentiellen Partners als das unwichtigste aller Körpermerkmale eingestuft haben.

Übrigens – und nur apropos – habe ich aufgehört, mich über Männer mit jüngeren Frauen zu ärgern, seit ich bei mir selbst festgestellt habe, dass Männer, die mich heute noch körperlich anziehen, runde 20 Jahre jünger sind als ich. Ich meine natürlich rein körperlich – denn worüber sollte ich mit dem hübschen jungen Gemüse wohl reden?! Wahrscheinlich hätte ich mir den schon erwähnten Rat des Freundes dann doch einmal zu Gemüte führen müssen und den attraktiven Mann gar nicht erst zu Worte kommen lassen.

Dass ich ein beträchtliches Problem mit der äußeren Anziehungskraft von gleichaltrigen oder gar älteren Männern habe, liegt sicherlich (auch) daran, dass sich die wenigsten heterosexuellen Männer um die 50 bemühen, attraktiv zu bleiben. Das wiederum liegt sicherlich zum Teil daran, dass sie es im Gegensatz zu uns nicht müssen. So unattraktiv kann der unattraktive Mann gar nicht sein, dass er nicht eine Frau findet, die ihn haben will. Das hängt natürlich damit zusammen, dass uns anerzogen worden ist, jeder Mann sei besser als keiner.

Neulich nachts fuhr ich in der Straßenbahn zu mir nach Hause, und da ich nichts zu lesen dabei hatte, wurde ich Zeugin einer Art Gespräch, das zwei Menschen in der Reihe vor mir führten. Sie müssen so Ende 50 gewesen sein, ein großer kräftiger Mann und eine kleine zierliche Frau (klingt wie aus einem Groschenheftchen, war aber so). Der Mann saß während der ganzen Zeit mit seinem Körper nach vorne gerichtet und sah starr in dieselbe Richtung. Die Frau hatte ihren ganzen Körper zu dem neben ihr sitzenden Mann gedreht und sah ihm unablässig von schräg unten ins Gesicht. (Körperhaltungen sind ungeheuer aussagekräftig. Achten Sie bei Gelegenheit spaßeshalber einmal darauf, wie anders die meisten Frauen und die meisten Männer an einem Tisch sitzen, während sie sich miteinander unterhalten!) Den Worten der Frau in der Straßenbahn konnte ich entnehmen, dass die beiden wohl erst seit kurzem und nach längerem beidseitigem Alleinsein ein Paar waren. Vor lauter Glück darüber sprudelte die Frau geradezu über. Es schien ihr wichtig zu sein auch ihrem Partner das Eingeständnis zu entlocken, wieviel schöner das Leben zu zweit doch nun sei. Das einzige was sie aus ihm herausbringen konnte, war ein Brummen, dem ich beim besten Willen nicht entnehmen konnte, ob es zustimmend oder ablehnend gemeint war.

Es ist mir schleierhaft, wieso das Zusammensein mit einem männlichen Autisten schöner sein soll als das Alleinsein. Es kann wirklich nur an unserer Erziehung liegen. Was ich Ihnen mit dieser Geschichte aber noch einmal nahebringen wollte, ist, dass Männer noch so unattraktiv sein können und trotzdem eine Frau finden, die das Leben mit ihnen schöner findet als ein Leben ohne Mann. Für eine attraktive Frau im fortgeschrittenen Alter ist es hingegen schwierig, von einem Mann als potentielle Partnerin betrachtet zu werden. Agenturen, die sich auf ‚gehobene' Partnervermittlung spezialisiert haben, stellten fest, dass junge Akademikerinnen weggehen wie warme Semmeln, während diejenigen Mitte/ Ende 30 bis Anfang 40 nicht mehr vermittelbar sind! Eine Agentur hat aufgrund dieser Erfahrung die Konsequenz gezogen, Frauen ab Ende 40 gar nicht mehr zu betreuen. Die bei der Agentur angestellte Psychologin kommentiert: „Diese Frauen sind vital und charismatisch. Sie haben alles, aber keine faltenfreie Haut.“ Die Journalistin, die darüber berichtet, zieht ein bemerkenswertes Fazit: „Das junge, schlanke, blonde Dummchen hat ausgedient; es lebe die junge, schlanke, blonde Gescheite.“ Es ist mal nur gut, dass Frauen nicht zum Haarausfall neigen wie seit ein paar Jahren die jungen Männer. Wenn junge Frauen nämlich ebenso auffallend häufig auffallend viele Haare verlieren würden wie junge Männer heutzutage, dann würden nicht einmal mehr *junge* Frauen Partner finden. Oder spricht irgendetwas aus Ihrer Erfahrung dafür, anzunehmen, Männer wären gewillt, sich in der Öffentlichkeit mit halb- oder ganzglatzigen Frauen zu zeigen?

Was also tun, wenn es nun einmal so zu sein scheint, dass körperliche Jugendlichkeit das Hauptkriterium gegenseitiger Anziehung ist, und wir nicht mehr jung sind? Offenkundig müssen wir andere Wege als die optischen wählen. Als ich jung war, guckten mir die Männer scharenweise hinterher, was zu bewirken natürlich keine besondere Kunst ist. Ich habe schon damals immer behauptet, Frau könne in fünf Minuten an der nächsten Ecke einen Sexualpartner aufgabeln, sofern sie nicht gleichzeitig schiele, Plattfüße und einen Buckel habe.

Was ich damals zu jung war zu erkennen, ist, was für ein wichtiges Kriterium Jugendlichkeit dabei ist. Heute weiß ich das, weil mir nur noch selten ein Mann hinterherguckt. Ich sage das ohne Bedauern, ich konstatiere ein Faktum. Ich weiß, dass dieses Faktum von vielen

Frauen mit großem Bedauern registriert wird. Das ist sehr schade, hat es doch so unendlich viel Befreiendes! Jede Veränderung birgt positive Chancen und Möglichkeiten.

Als ganz junge Frau habe ich ein Jahr in Paris gelebt. Was sich wie der Traum eines jeden Menschen anhört, entpuppte sich eher als Albtraum. Die Franzosen unterlagen der irrigen Annahme, ausländische junge Mädchen seien zu einem einzigen Zweck nach Paris gekommen, nämlich sich einem Latin Lover in die Arme und 10 Minuten später in sein Bett zu werfen. Sobald wir ihnen unmissverständlich klarmachten, dass das nicht unsere Absicht war, ließen sie uns mit demütigender Direktheit stehen.

Heute, da Mann mich auch in Paris in Ruhe lässt, bin ich erst in der Lage, die Schönheiten der Stadt zu genießen. Genauso also, wie das Ende der Gebärfähigkeit uns die Möglichkeit zu neuen Aufgaben eröffnet, so eröffnet uns das Ende der Zeit als Sexualobjekt die Möglichkeit, die Welt anders zu sehen und zu uns selbst zu finden.

Aber – und das war der Punkt unserer Überlegungen – wenn die Zeit der rein körperlichen Anziehungskraft vorbei ist, Sie aber dennoch einen Umweg zu Ihrem Glück allein brauchen, so schieben Sie zu dem Zeitpunkt, an dem Sie merken, dass Sie wieder in der Lage sind, sich gedanklich auf einen neuen Mann einzustellen, ein paar Monate mit Kontaktanzeigen ein. Solange Sie das nicht zu ernst nehmen, ist es eine köstliche Beschäftigung. Wenn Sie aber dazu neigen, jede Absage persönlich zu nehmen, dann würde ich mir das an Ihrer Stelle sehr überlegen. Bitte bedenken Sie, dass nun einmal nicht jeder Mensch jeden Menschen mögen kann. Ebensowenig wie Sie jeden Mann haben wollen, hat der Mann das Recht, nicht jede Frau haben zu wollen.

Es erhebt sich die Frage, wie die ideale Anzeige aussehen müsste. Hier bestätigen Studien meine soeben gemachten Ausführungen über Äußerlichkeiten. Eine Analyse von Kontaktanzeigen durch britische PsychologInnen bestätigt, dass Männer vor allem körperlich attraktive Frauen suchen. Deshalb, so wird geraten, sollten sich Anzeigen von Frauen völlig auf die eigenen körperlichen Vorzüge konzentrieren, insbesondere auf die gute Figur. Wenn ich Frauen richtig einschätze, dann habe ich allerdings meine Zweifel, ob Frauen das möchten. Wie hingegen der Wunsch der suchenden Männer nach einer vor allem attraktiven Frau mit der ebenfalls gewünschten Aufrichtigkeit in Einklang zu bringen ist, wissen wahrscheinlich nicht einmal die Männer selbst.

Ich zögere ein wenig, Ihnen einen anderen, noch vielversprechenderen Vorschlag zu unterbreiten. Bei einem Wettbewerb des Magazins der *Süddeutschen Zeitung* wetteiferten die fünf besten deutschen Werbetexterinnen und -texter um die erfolgreichste Kontaktanzeige. Gewinnen würde diejenige mit den meisten Zuschriften. Die zweitplazierte Anzeige einer Texterin lautete: „Kann gut kochen und küssen". Mit Abstand die meisten Antworten bekam die folgende, ebenfalls von einer Frau erdachte: „Ficken? Sie sucht ihn." Die beiden Gewinnerinnen verstehen offensichtlich nicht nur viel vom anderen Geschlecht, sondern auch von möglichst ökonomischem Handeln. Ob sie wohl auch aus einer kaufmännischen Familientradition stammen?

Lassen Sie mich ein paar Histörchen aus meiner Kontaktanzeigenzeit erzählen. Zum einen können Sie vielleicht das eine oder andere für sich daraus lernen, zum anderen aber könnte es Ihnen einfach Spaß machen.

Der halbseitige Brief eines Mannes war mir schon gleich unsympathisch. Aber ich sagte mir, dass es nicht in Ordnung sei, einen Menschen – vor allem in einer solchen Situation – so schnell zu beurteilen und zu verwerfen. Beim ersten dreiminütigen Telefongespräch vertiefte sich meine Antipathie. Erneut sagte ich mir, dass es nicht in Ordnung sei… Beim ersten und einzigen Treffen bestätigte sich meine Vermutung dennoch binnen Minuten – ein Schaumschläger! Fazit: Ich möchte Ihnen Mut machen, Ihrem gefühlsmäßigen ersten Eindruck zu vertrauen.

Ein anderer (Ende 50) schrieb mir einen warmen, herzlichen, langen Brief, der durchaus meinen Glauben in die Menschheit (hier in seiner spezifischen männlichen Ausführung) aufs Trefflichste wieder erweckte. Aber nach meiner ebenfalls herzlichen Antwort samt Photo bestand er darauf, leider nur mit einer blonden Frau sein Lebensglück finden zu können. Ach je, nicht einmal im fortgeschrittenen Alter werden Männer schlau! Da haben sie immer noch nicht begriffen, was Frauen schon ab 30 wissen: dass es nicht Äußerlichkeiten sind, die uns glücklich machen.

Ein besonders sympathischer Kandidat telefonierte über endlose Wochen mit mir, ohne je in der Lage zu sein, die Stunde Fahrzeit, die uns voneinander trennte, in Person zu überwinden. Wer schon sein eigenes Leben nicht organisiert bekommt, dem werde ich doch wohl kaum die Gelegenheit geben, meines auch noch durcheinander zu bringen.

Einer kam zum Rendezvous zehn Minuten zu spät – das finde ich äußerst despektierlich und disqualifiziert den Bewerber sofort und endgültig. Einer suchte eine Motorradbraut – das wollte ich in meinem Alter denn doch nicht mehr werden. Ein anderer wünschte sich eine Frau, die seine zu große Rentenfreizeit mit Leben fülle – mit Menschen, die nichts mit sich anzufangen wissen, kann ich nichts anfangen. Merkwürdig fand ich, dass ein anderer die eigene Therapie mit männlichen Hormonen zwecks Steigerung der Libido über der ersten Tasse Kaffee erwähnte. Beim Abschied versuchte er mich zu küssen. Nein, danke! Beim nächsten erfuhr ich zu meinem großen Glück *vor* dem geplanten ersten sexuellen Zusammensein, dass er sich – Sie wissen schon wo – zu rasieren pflegt. Das sei ihm unbenommen, aber mich törnt das ab, nicht an.

Sie sehen, Humor braucht man schon dabei. Abschließend möchte ich Ihnen noch einen kleinen Tipp geben, wie Sie einen Mann loswerden, der sich beim ersten Treffen nicht als das herausstellt, was Sie haben möchten. Als anständig erzogener Frau fällt es uns ja schwer, uns elegant aus der Affäre zu ziehen. Lassen Sie also einfach durchblicken, dass Sex für sie ganz und gar unwichtig ist. Wirkt in aller Regel sofort! So nicht (was mich wundern würde), schieben Sie nach, eigentlich überhaupt keinen Sex mehr haben zu wollen. Sie sollen mal sehen, wie schnell der von sich aus Ihr Rendezvous zu Ende bringt – und Sie sind aus dem peinlichen Schneider.

Wenn Sie die ganze Angelegenheit also nicht zu persönlich nehmen, sondern als Erweiterung Ihres Horizonts im allgemeinen und in Bezug auf die Spezies Mann im besonderen betrachten; wenn Sie sie nicht aber als Möglichkeit auffassen, nun doch noch den Mann Ihres Lebens zu finden, dann ist das eine gute Voraussetzung. Da es den Mann des Lebens ohnehin – zumindest auf Erden – nicht gibt, werden Sie ihn auch per Annonce nicht finden. Wie ich immer sage, müssten Sie sich den schon selbst backen – und wenngleich ich inzwischen backen kann, wird das nicht gelingen.

... braucht sie nicht!

Du bekommst nicht die Wahl zu entscheiden, wie du sterben wirst. Oder wann. Aber du kannst entscheiden, wie du jetzt leben wirst.
Joan Baez

Nach ein paar Monaten Erfahrung mit Kontaktanzeigen, nach vielleicht zwei Dutzend Briefen, circa einem Dutzend Telefonaten und einem halben Dutzend Treffen – alles übrigens ohne wirklich schlechte Erfahrungen – wurde mir immer deutlicher, dass ein neuer Mann in meinem Leben so ungefähr das letzte war, was ich noch gebrauchen konnte. Nicht nur nahm mein neues Leben mit den vielen lieben Menschen und den vielen anregenden Unternehmungen und dem zunehmenden Geschmack am Alleinsein zunehmend schönere Formen an, sondern ich fand es auch wunderbar, dass niemand an mir rummäkelte und ich mich für nichts mehr rechtfertigen musste. Bei den wahrlich nur ansatzweisen Versuchen mit neuen Männern waren mir auch wieder die unschönen Begleitumstände einer Partnerschaft vor Augen geführt worden. Abgesehen von dem herummäkeln, kritisieren, mich rechtfertigen und absprechen müssen – was schon schlimm genug ist –, begann ich wieder, auf Telefonate zu warten; mir Gedanken über die Wirkung meines Äußeren auf andere Menschen zu machen; den Versuch zu unternehmen, mich für Dinge zu interessieren, die mir eigentlich gleichgültig sind; einen Großteil meiner Aufmerksamkeit ständig auf einen anderen Menschen zu richten, was zu verminderter Konzentration auf die wesentlicheren Dinge des Lebens führt – und ähnlich blöde Verhaltensweisen mehr. Immer klarer wurde mir, dass ich all das nicht mehr wollte und auch nicht mehr brauchte.

Die schon erwähnte Freundin hatte mich darauf gebracht, dass ich keine Beziehungsarbeit mehr leisten wollte; bei dem bloßen Gedanken, mal wieder herausfinden zu müssen, was der noch unbekannte Mann in meinem Bett schön finden würde, wurde mir unwohl; die Abwesenheit von täglichem Ärger fand ich beglückend, ebenso das Ausbleiben von Tränen jeder Art; mein Leben war so voll wie nie zuvor, aber keineswegs hektisch, und dann schickte mir ein gütiger Himmel in Form meines Schutzengels noch den sprichwörtlichen letzten Tropfen. Ein Universitätsprofessor schrieb mir wenig, aber deutlich: Er sei „leider sehr anspruchsvoll". A…! dachte ich und schrieb ihm aus voller Überzeugung zurück, es beschäftige mich nun schon lange nicht mehr (zugegeben, eine zeitliche Übertreibung, war ich doch erst vor kurzer Zeit so schlau geworden), ob ich jemandes Ansprüchen genüge, sondern ob er den meinen genüge. Nicht überraschenderweise schickte er mir mein Photo mit dem Kommentar zurück, wir passten wohl nicht zusammen. Das war zutreffend beobachtet – was Frau von einem ordentlichen Professor ja auch erwarten darf. Wenige Tage nach dem Schreiben des Briefes an den anspruchsvollen Armleuchter packte ich den ganzen Inhalt der Mappe „Kontaktanzeigen", warf ihn weg und wusste, dass ich meinen Weg gefunden hatte.

Kurz zuvor hatte mir ein Traum den Weg schon gewiesen. Ohne meinen Therapeuten hätte ich das allerdings gar nicht bemerkt. In diesem Traum lag ein großer Büffel in einer Erdmulde, die ihn teilweise zudeckte. Der Büffel war ebenso schokoladenbraun wie die ganze Landschaft um ihn herum. Die Mulde befand sich in einem Tal, das an beiden Seiten von kahlen braunen Bergen begrenzt wurde. Ich lief leichtfüßig das Tal entlang mit dem Blick auf eine verheißungsvolle, aber nicht erkennbare Ferne. Hierbei musste ich die Mulde mitsamt dem Büffel überqueren, und da beides zu groß für einen Sprung war, lief ich mit meinen Füßen sanft über den Büffel hinweg.

Ich war entsetzt über mich: Wie konnte ich auf ein Tier treten, wenn auch nur sanft?! Ich würde doch in der Wirklichkeit niemals auf ein Tier treten! Da sagte mir der Therapeut zum wiederholten Mal, ich dürfe Träume nicht so wörtlich nehmen. Für ihn sei sofort klar gewesen, dass der Büffel Männer symbolisierte, die ich nun am Boden liegend hinter mir ließ, um zu neuen Ufern aufzubrechen.

Das Bild gefiel mir sehr. Das satte Braun, die verlockende Ferne, meine spürbare Leichtfüßigkeit. Aber auch der schöne, große Büffel und die Behutsamkeit, mit der ich über ihn hinweglief. Das Gefühl für ihn war zärtlich, positiv, mitfühlend. Aber nichts hielt mich bei ihm auf. Ich wollte nicht verweilen, nicht bleiben, ihm nicht aufhelfen, ihn nicht mitnehmen. Ganz selbstverständlich lief ich über ihn hinweg in mein Leben.

Das war im Traum. In meinem realen Leben warf ich kurz darauf die Mappe mit den Kontaktanzeigen weg. Der eigentliche Akt des Wegwerfens war – einmal mehr – befreiend. Er läutete mein neues Leben ein – ohne Mann – endgültig. Das mag Ihnen in diesen dürftigen Worten negativ klingen, aber das war es ganz und gar nicht. Es fühlte sich wunderbar an, vielversprechend, lustvoll, großartig, erlösend.

Es war ein knappes Jahr vergangen, seit ich mich aus der unwürdigen Dreieckssituation gelöst hatte. Ich brauchte noch ein paar Wochen, um zu begreifen, dass jetzt auch die Zeit gekommen war, meine Therapie zu beenden. Aber da hatte ich die Rechnung ohne den Wirt, sprich den Therapeuten gemacht. Wie ich schon erwähnt habe, reagierte dieser Mann, den ich über die Monate sehr zu schätzen gelernt hatte, gänzlich unerwartet auf meine fröhliche Ankündigung, die Therapie nun zu Ende bringen zu wollen, da sie ihr Ziel erreicht habe. Es scheint aber nicht üblich zu sein, dass die Patientin bestimmt, wann die Therapie zu einem guten Ende gekommen ist, denn er war keineswegs der Meinung, dass sie zu Ende sei. Ein Therapeut ist natürlich auch ein Arzt, zu dessen Berufsethos es zu gehören scheint, besser zu wissen was den PatientInnen gut tut als sie selbst.

Der Entschluss, fürderhin allein durchs Leben zu gehen, der sich für mich wie eine atemberaubende Befreiung anfühlte, war für ihn eine Einengung des menschlichen Potenzials, von der er glaubte, mich abbringen zu müssen. Wir hatten einen ziemlichen Streit deswegen. Doch auch der war sehr hilfreich, denn schließlich brach es im Laufe dieser Auseinandersetzung wahrheitsgemäß und für mich selbst klärend aus mir heraus: „Das Letzte, was ich in meinem Leben noch brauche, ist ein Mann, der mir sagt, wo es in meinem Leben langgeht! Und das betrifft auch Sie!" Drei Wochen später trennten wir unsere Zusammenarbeit in relativer Freundlichkeit. Er hatte sich inzwischen soweit gefangen, dass er mir anbieten konnte, jederzeit zu ihm zurückkehren zu können, falls ich meinen Entschluss eines Tages doch als falsch erkennen würde. Dem war nicht so. Im Gegenteil. In Abgrenzung zu den Vorstellungen meines Therapeuten festigte sich meine Überzeugung, auf dem für mich richtigen Weg zu sein.

Das ist jetzt ein paar Jahre her. Weder habe ich jemals bereut, mit den Anzeigen aufgehört zu haben, noch mit der Therapie, noch mich bewusst für das Alleinbleiben entschieden zu haben. Die vergangenen Jahre waren ohne Übertreibung die besten meines gesamten Lebens.

Ich habe eine Freundin in meinem Alter, die würde gerne noch einmal ausprobieren, ob sie nicht inzwischen in der Lage ist, eine ganz andere Art von Partnerschaft mit einem Mann zu leben. Sie glaubt, dass sie sich inzwischen so weit entwickelt habe, dass sie dazu fähig wäre. Obgleich ich ihre Auffassung teile, dass sie sich seit ihrer letzten langjährigen Partnerschaft enorm weiterentwickelt hat, teile ich nicht ihren Wunsch, es noch einmal besser zu machen. Da ich nach wie vor nicht glaube, dass das Problem die beiden Menschen sind, sondern das System Partnerschaft als solches, bin ich der festen Überzeugung, dass die ganzen unangenehmen Begleiterscheinungen von Partnerschaften nicht zu verhindern sind. Ein Mensch wie meine Freundin kann aufgrund ihrer Entwicklung diese Begleitumstände abfedern, entschärfen, besser damit fertigwerden und sie ertragen. Aber verhindern kann sie sie nicht. Sie nicht und auch sonst niemand.

Im übrigen genieße ich mein Leben allein viel zu sehr, um es noch einmal aufs Spiel zu setzen. In der ersten Zeit nach meiner Entscheidung, alleinzubleiben, ging ich möglichen Verlockungen in Form eines anderen Mannes aus dem Wege, indem ich sofort wegguckte, wenn einer guckte. Da in meinem Alter ohnehin nicht mehr so oft einer guckt, war das nicht weiter schwierig. Es war auch nicht so schwierig, die zwei, drei Orte zu meiden, an denen sich ein Mann interessiert gezeigt hatte. Es gibt genügend Bäcker, Schuster, Apotheker oder Anwälte, zu denen Frau wechseln kann.

Meine Freundinnen und meine Freunde wollen ab und an von mir wissen, ob mir nicht irgendetwas fehle. Kuscheln zum Beispiel. Oder Sex. In der ersten Zeit, ja, da verspürte ich hin und wieder ein gewisses Sehnen im Bauch, oder vielleicht noch etwas tiefer. Aber zum einen wurden die Abstände dazwischen im Laufe der Zeit beträchtlich größer, zum anderen musste ich in Gedanken nur meine Kosten/Nutzen-Rechnung aufmachen, um zu wissen, dass die Befriedigung dieses Sehnens so viele Nachteile mit sich bringen würde, dass ich lieber mit dem bisschen Sehnen lebte. Inzwischen ist es vollkommen verschwunden.

Dreimal ist mir in der Zwischenzeit ein Mann begegnet, der mich hätte interessieren können. War ich gefährdet? Einer reiste bald wieder in seine ferne Heimat ab. Beim zweiten Mal reiste ich wieder in meine nicht ganz so ferne Heimat zurück. Beides ist natürlich praktisch, weil sich das Thema damit elegant und ohne größere Anstrengung von allein löst. Habe ich das bedauert? Ich habe bedauert, den beiden nicht eher – viel eher – in meinem Leben begegnet zu sein. Aber zu dem Zeitpunkt, als ich sie traf, war ich nur noch froh, die Angelegenheit so einfach lösen zu können.

Der dritte lebt in meiner Stadt und war dummerweise, als ich ihn wiedertraf, gerade ungebunden. Da erforderte es natürlich eine gewisse Disziplin. Ich ging halt für ein paar Wochen nicht da hin, wo ich ihn hätte treffen können; dann hatte sich auch das Thema emotional erledigt.

Nun werden Sie daraus schließen, dass mein Entschluss vielleicht nicht so fest steht, wie ich versucht habe, den Eindruck zu erwecken. Auch einige meiner FreundInnen haben lange Zeit geradezu darauf gewartet, dass ich von einem neuen Mann berichten würde. Wahrscheinlich glaubten sie nicht so sehr, dass mein Entschluss nicht feststand, als dass irgendein Mann mich irgendwann wieder einmal hinwegreißen würde. Ein guter Freund hält mich auf Grund meiner Lebensfreude für anfällig. Die Tatsache, dass er noch keine 40 ist, erklärt wohl den unterstellten Zusammenhang zwischen Lebensfreude und dem Wunsch, einen Partner zu haben.

Nun sollte der Mensch bekanntermaßen niemals nie

sagen – schließlich hat man schon Pferde kotzen sehen. Im Februar 2002 wurde – um ein Beispiel aufzuführen – die Sängerin Nina Hagen mit den Worten zitiert, sie lebe schon eine ganze Weile im Zölibat und sei sehr glücklich damit. „Ich bin nicht auf der Suche, und ich bin auch nicht zu haben“, wird sie zitiert. Eine sexuelle Beziehung fehle ihr nicht. Früher habe sie große Sehnsucht nach Kuscheln, einer Schulter zum Anlehnen, dem männlichen Wesen und dem Einswerden mit ihm gehabt. „Heute suche ich dies nicht mehr. [...] Ich habe meinen Frieden gefunden. Jeder Mensch hat natürlich seinen eigenen Weg, meinen kann ich Frauen sehr empfehlen.“

Neun Monate später, im November desselben Jahres, berichteten die Zeitungen, dass Nina Hagen heiraten werde. Diese Tatsache allein ist nach so kurzer Zeit schon mehr als überraschend. Aber noch mehr sind es die Worte, die Frau Hagen in dem Zusammenhang gewählt hat – wenn sie denn korrekt zitiert sind; allerdings kann ich mir kaum vorstellen, dass die Redaktion einer ordentlichen Zeitung solche Worte erfindet: „Rocco hat der Himmel geschickt. Jetzt ist er mein Maharadscha, mein König, mein Guru und bald mein Ehemann.“ Oh je! Als ich jung war – und auch als ich schon nicht mehr ganz so jung war –, habe ich solchen Quatsch auch empfunden und auch von mir gegeben. Es steigt mir die Schamesröte ins Gesicht, wenn ich daran denke, was ich im Laufe meines Lebens zu den diversen Männern meines Lebens alles für dummes Zeug gesagt und in den Augenblicken auch geglaubt habe. Männer – das muss ich ihnen wirklich zugute halten – neigen viel weniger dazu, sich zu überspitzten Formulierungen hinreißen zu lassen. Das hängt vielleicht mit ihrem Vorbild, dem schweigsamen Helden zusammen. Heute will ich doch hoffen, könnte es mir nicht mehr passieren, solch gequirlten Unsinn von mir zu geben – zumindest nicht, solange ich zu verhindern weiß, dass meine großartige (inzwischen ziemlich eingerostete) Bühnentechnik anspringt.

Ich weiß inzwischen, wie sehr meine Libido (ebenso wie die Libido anderer Menschen) dazu fähig ist, meinen ansonsten klaren Verstand total hinters Licht zu führen. Eine Freundin von mir, die gerade 60 geworden ist, erzählte mir kürzlich, dass sie früher nie an die Existenz der sprichwörtlichen rosaroten Brille geglaubt habe. Aber nun zurückblickend auf langjährige Beziehungen sowohl mit Männern als auch mit Frauen, frage sie sich sogar, ob sie überhaupt jemals geliebt habe; ob das, was sie für Liebe gehalten habe, nicht nur sexuelle Lust gewesen sei. Ich kann natürlich nicht beurteilen, ob sie ihre PartnerInnen geliebt hat, aber eines scheint mir ganz klar zu sein: Wenn die Natur den Akt der Paarung nicht mit sexuellen Gelüsten verknüpft und sich stattdessen nur auf Liebesgefühle verlassen hätte, wären wir längst ausgestorben.

Da ich inzwischen um die Macht der Sexualität weiß und um die immense Gefahr, sie mit Liebe zu verwechseln, halte ich es vor allem für wichtig, mich nicht von mir selbst einlullen zu lassen, indem ich mich in allzu großer Sicherheit wiege. Was auch immer Frau Hagen zu dem schnellen Stimmungswandel gebracht haben mag (der Mensch muss sicherlich kein Hellseher sein, um anzunehmen, Sex habe eine Menge damit zu tun), ich möchte verhindern, dass mir das auch noch einmal passiert. Sexualität hat nicht nur mich mehrmals in meinem Leben wider besseres Wissen hinweggerissen. In Anerkennung dieser Tatsache bin ich bemüht, den Anfängen zu wehren, soll heißen, mich gar nicht erst noch einmal in Gefahr zu begeben. Denn ich bin jetzt nicht mehr gewillt, meinem Trieb zu gestatten, mein schönes Leben zu zerstören. Frau Hagen lebt im übrigen inzwischen in Trennung.

Es ist in meinem Alter nicht mehr schwierig, sich nicht

in Gefahr zu begeben. Die knackigen jungen Männer, auf die mein Körper reagiert, interessieren sich viel zu wenig für mich, als dass Gefahr aufziehen könnte. Und die Männer, die auf mich reagieren, sind irgendetwas zwischen 60 und Ende 70 und könnten mich nicht nackt hinter'm Busch hervorlocken. Wäre ich sehr viel jünger, könnten sie die fehlende sexuelle Anziehungskraft vielleicht durch einen luxuriösen Lebensstil wettmachen. Aber in meinem Alter zieht das nicht mehr.

Bevor wir uns voneinander trennen, möchte ich Ihnen noch von meinem allerletzten Befreiungsschlag erzählen: Irgendwann habe ich aufgehört, mir die Haare zu färben. Das war nur konsequent. Interessant daran ist vielleicht noch die folgende Beobachtung: Sowohl mein gleichaltriger Bruder als auch ich sind nun total grau. Während das junge Frauen nicht daran hindert, ihn attraktiv zu finden, dürfte es meine Chancen noch einmal verringert haben. Wahrscheinlich habe ich deswegen ein so diebisches Vergnügen daran.

Zurück zu ernsteren Dinge – obgleich – in unserer Gesellschaft vor dem 70sten Lebensjahr mit grauen Haaren herumzulaufen, ist ernst genug. Meine Mutter war deswegen zunächst ernstlich besorgt um mich. Inzwischen ist sie meinem Beispiel gefolgt und hat nun ihrerseits endlich aufgehört zu färben. Wir waren bei der Gefahr, sich doch noch einmal auf einen Mann einzulassen. Sie könnten sich an Adenauer halten, der schon vor Jahrzehnten gesagt hat, dass man das Recht haben muss, watt klüjer werden zu dürfen. Das soll heißen, Sie könnten das bewusste Alleinleben erst einmal ausprobieren. Sollten Sie feststellen, dass es nichts für Sie ist, tja, dann wird Ihnen wohl nichts anderes übrigbleiben, als die schönen Augenblicke mit einem Mann mit vollgeweinten Badewannen zu bezahlen.

Ich hingegen habe glücklicherweise immer noch meine

Zwillingsschwester im Kopf sitzen. Die erhebt sofort warnend ihre Stimme, wenn Gefahr im Verzug ist. Sie erinnert mich daran, dass ein bis drei Jahre Hochgefühl – immer schon begleitet von Tränen, Verletzungen, Zweifeln, Auseinandersetzungen, Enttäuschungen – in keinem gesunden Verhältnis zu dem stehen, was danach wieder kommen würde. In einer Zeitung las ich kürzlich, dass „neue starke Frauen" in Männern nur noch das Sahnehäubchen sehen. Ach, du lieber Himmel! Was soll denn daran die Sahne sein?! Neu an dieser Einstellung ist nur, sich von der unrealistischen Erwartung zu trennen, ein Partner brächte Erleichterungen im alltäglichen Leben. Aber anzunehmen, er brächte die Sahne in unser Leben, ist eine uralte Illusion, die – wie ich nun nicht noch einmal auszuführen brauche – die Ursache für viel Leid ist.

Ob eine Partnerschaft nun in einem Ende mit Schrecken oder in einem Schrecken ohne Ende mündet, ob sie überlebt in gepflegter Gleichgültigkeit, frustriertem Durchhaltewillen oder aggressivem Überdruss, die meisten von uns kennen das alles. Ich brauche auch nicht noch einmal auf die eher wenigen Ausnahmen hinzuweisen, denn wenn Sie zu denjenigen gehören, die eine zufriedene Partnerschaft leben, werden Sie kaum bis hierher gelesen haben.

Für die große Mehrheit von uns aber war es von allem reichlich. Es war schön, und es war schrecklich, und es war genug. Zumindest für mich. Wie auch immer Sie sich entscheiden mögen, ich wünsche Ihnen von Herzen die für Sie richtige Entscheidung. In diesem Sinne, Schwester, lass es Dir gutgehen!